像
企业家
一样
思考

［英］丹尼尔·史密斯 —— 著

瑰夏 —— 译

图字：01-2022-3393

HOW TO THINK LIKE AN ENTREPRENEUR
Copyright © Michael O'Mara Books Limited 2020
The simplified Chinese translation copyrights © 2022 by Beijing Qingyue Shiguang Culture Media Limited Company
Simplified Chinese rights arranged through CA-LINK International LLC (www.ca-link.com)
ALL RIGHTS RESERVED

图书在版编目（ＣＩＰ）数据

像企业家一样思考 /（英）丹尼尔·史密斯著；瑰夏译. —— 北京：东方出版社，2023.5
书名原文：How to Think Like an Entrepreneur
ISBN 978-7-5207-2873-7

Ⅰ.①像… Ⅱ.①丹… ②瑰… Ⅲ.①企业管理 - 人才管理 - 研究 Ⅳ.①F272.92

中国版本图书馆CIP数据核字(2022)第125485号

像企业家一样思考
（How to Think Like an Entrepreneur）

著　　　者：（英）丹尼尔·史密斯
译　　　者：瑰　夏
策划编辑：鲁艳芳
责任编辑：朱兆瑞
出　　　版：东方出版社
发　　　行：人民东方出版传媒有限公司
地　　　址：北京市东城区朝阳门内大街166号
邮政编码：100010
印　　　刷：香河县宏润印刷有限公司
版　　　次：2023 年 5 月第 1 版
印　　　次：2023 年 5 月北京第 1 次印刷
开　　　本：880 毫米 ×1230 毫米　1/32
印　　　张：7.5
字　　　数：150千字
书　　　号：ISBN 978-7-5207-2873-7
定　　　价：49.80 元
发行电话：（010）85924663　85924644　85924641

版权所有，违者必究
如有印装质量问题，请拨打电话：（010）85924725

致夏洛特和本

开始做生意吧!

目 录

001　序言

007　在市场中找到你的契机
013　支持你自己
019　灵感与努力
025　梦想不嫌大……
031　……但要小步前行
037　制订计划
045　适者生存
053　将障碍变成机遇
061　完善你的产品
067　客户就是国王
073　拥抱竞争对手
083　把握时机
091　如果一开始你没有成功……
097　不要害怕风险管理

105	知晓何时全身而退
111	与优秀的人打交道
121	打造一个品牌
129	兜售这个梦想
137	不要害怕颠覆
145	向上扩展
153	简化，合理化
159	优雅地成长为你自己
165	重塑风景
173	做长线
179	谈判是一门艺术
187	狡猾一些
193	坚持你的原则
201	金钱并不是成功的唯一标志
209	分享财富
217	社会企业家精神：慈善事业+

* 序言 *

企业家（entrepreneur），指经营有盈利或亏损可能的企业或生意的人。

——《简明牛津词典》

企业家总是在寻求改变，作出回应并将其转变为机会。

——《德鲁克日志》（2004）

[美]彼得·德鲁克，[美]约瑟夫·马恰列洛

纵观历史，企业家一直和我们同在。我猜，曾有一些穴居人早早意识到他们是烤野牛的能手，于是创立了一个小型企业，用晚餐换取生肉，或一些水，又或者一幅迷人的壁画。但直到近代，"企业家"才成为一个流行词语，并被认为是当代经济体系的一个重要组成部分。

在正式进行经济学研究的早期——可以追溯到启蒙运动时期，有一种假设：经济行为者（也就是人！）是理性动物，他们基于对所有可用证据进行分析，进而作出理性决定。在这样的分析模式下，"企业家"的概念几乎没有什么容身空间，他们往往倾向于凭直觉行事，或是以冒险的方式采取行动，总之为了获得丰厚的回报而选择一条不确定的路径。但从20世纪中期开始，人们对经济活动有了更深刻的理解，即许多经济活动并不是基于冷静的理性主义来进行的——这一认知也使企业家的形象得以凸显出来。

那么，当我们探讨企业家精神（entrepreneurship）时，我们到底在讨论什么呢？将这一理念拆解后，它会变成一个相对简单的概念。企业家是一个创造企业来填补市场缺口的人，他们承担着大部分风险并因此获得了大部分回报。通常，企业家也是创新者，他们运用新的想法来满足消费者的需求。约瑟夫·熊彼特（Joseph Schumpeter，1883—1950）是第一批真正赞美这些角色及其给市场带来的动态不平衡的经济学家之一，他认为这种不平衡是健康经济的标志。

与那些从事法律或医学等行业的人不同，企业家没有明确且舒适的前行方向。他们的旅程本质上是危险的，充斥着无数障碍和许多潜在的威胁。在2014年为《福布斯》撰写的一篇文章中，史蒂夫·布兰克（Steve Blank）这位自20世纪70年代以来便参与过众多初创企业的老手，揭示了这种不确定性："自己犯下的错误，是你创业过程中遇到的最安全的风险……创业并不是去做一系列已知的事情。大多数初创企业都面临着一系列未知的问题：未知的客户群体、未知的客户需求、未知的产品特性等等。"最终，当企业家找到自己的发展路径时，勉强应对是远远不够的，他们必须积极地推动企业发展。显而易见，努力工作往往只是其中的一部分，快速学习和更加聪明地工作也是很重要的技能。就像美国管理与预算办公室前主管罗伊·阿什（Roy Ash）在1984年的一篇文章中所写的那样："企业家往往会吃着碗里瞧着锅里，盼着自己能快速消化吸收。"

我希望本书能在我们思考企业家所面临的挑战时，帮助你了解企业家的心理——从最初拥有一个创新的想法，到最终组建起一个成熟的企业。我们将会发现，这趟旅程需要激情、勇气、自信和主动性，以及冷静、韧性、灵活性和其他许多特性。我们将探索品牌塑造、招聘和扩大规模等关键任务背后的心理学。更根本的是，我们将看到这些领先的企业家是如何摆脱"我做不到"这种琐碎的怀疑，从而顿悟"是的，我能做到"。2008年，当印度大型企业巴帝电信的负责人苏尼尔·米塔尔（Sunil Mittal）对沃顿商学院讲述自己的早期商业生涯时，他说道："在我看来，无视传统智慧是非常重要的——要对不认同年轻企业家的论调作出坚定的挑战。"

在阅读本书时，值得你记住的是，那些企业家的探索思想、想法和经验不一定会被视为人类所有美好事物的典范。很少有企业家渴求在商业领域之外被奉为楷模或视作榜样。许多人可能曾与当局发生过冲突，也许他们违反了竞争规则，或者采用了有问题的劳动制度。就在我快要写完这本书的时候,一位著名的企业家在审判后被判无罪——他因诽谤一个无辜的第三方团体而遭到起诉,尽管他最终被判无罪,但很难说这件事有任何启迪意义。他们之所以出现在本书中,并不是为了促进大家对他们进行英雄崇拜,而是因为不管这些人有任何特殊的缺点,他们都是成功的商业人物,他们对创业精神的艺术有着独到的见解要诉说或展示。

话虽如此,我们也将看到,企业家们有可能通过百折不挠的努力实现商业成功的同时,也保持基本的体面。以马丁·刘易斯(Martyn Lewis)写于1997年的著作《对成功的反思》(*Reflections on Success*)中理查德·布兰森(Richard Branson)的观点为例:

我认为人们对企业家有一种刻板印象,认为他们是以践踏每个人、欺凌所有人的方式到达其事业巅峰的。当然,的确有这样的人,他们虽然设法逃脱了惩罚,但最终通常会受到应有的惩罚。

的确,这里有大量的证据表明,企业家精神和使世界变得更美好绝非相互排斥的事,无论是硅谷超级富豪们的慈善事业,还是安妮塔·罗迪克(Anita Roddick)等人所倡导的原则性商业贸易。她是一名完美贯彻了自己对企业家定义的女性:"企业家是非常热情的人,会随着不同的节拍起舞,且从不认为成功等同于个人财富。"

最后，我想引用亚马逊创始人杰夫·贝索斯（Jeff Bezos）在 2004 年告诉 Inc.com 的一句话："企业家精神更多是一种精神状态，而不是自己为自己工作。这种精神关乎足智多谋，关乎如何解决问题。"

* 在市场中找到你的契机 *

机会就像公共汽车——总会有另一个到来。

——理查德·布兰森（2012）

从理论上讲，企业家的工作非常简单：发现市场上的缺口并填补它。有时候，可能是你提供了别人没有提供的商品或服务；还有可能是存在现成的商品或服务供应商，但你找到了一种更好或更便宜的方式来提供商品或服务，从而为你的企业赢得客户，并挤掉了竞争对手。

在考虑你能填补哪些市场空缺时，以下问题值得考虑：

- 你擅长什么？众所周知，企业家们会在存在市场空缺但缺乏专业知识的领域创业。但如果你也选择这样做，你就需要从一开始就与那些能够弥补你知识和经验差距的人在一起共事。大多数企业家更倾向于在那些能与个人产生共鸣的领域创业。以硅谷为例,这里的技术怪才要比技术恐惧者多得多!

- 你选择的市场是不是有什么捷径被忽视了?你的天赋是创新吗?例如,2008年,特拉维斯·卡兰尼克(Travis Kalanick)和加勒特·坎普(Garrett Camp)在结束了一场位于巴黎的会议后,苦于打不到出租车,他们就此意识到,现有的移动电话技术可以彻底改变预约和跟踪出租车的过程,于是优步(Uber)诞生了。

- 你想完善已经存在的产品?你能复制其他企业已经在做的商品并做得更好吗?你能提供现有企业无法满足的客户服务水平吗?你打算开一家提供最美味面包的烘焙店,还是开一家拥有业内最好产品线的精品服装店?

- 你能预估客户需求吗?你的想法可能是天才的产物,但这个市场真的大到足以容纳一位新闯入者吗?你提供的产品是否过于独特,以至现有的消费者不会轻易作出回应并将你拒之门外?

填补市场空缺的关键,是开放的思维。最伟大的企业家都是灵活的思考者,他们要考虑市场的哪些方面正在面临失败,以及如何吸取这些失败的教训。正如戴尔电脑公司的创始人迈克尔·

戴尔（Michael Dell）所指出的那样："我们总是通过好奇心和以新方式寻找机会来规划自己的道路。"戴尔公司在20世纪90年代到进入新世纪这十年，通过发现一个市场缺口并作出正确的决策迎来了公司的强劲增长阶段。越来越多精通技术的人热衷于直接从制造商那里购买定制版电脑，并在几天内收到货。由于没有其他公司能够满足此需求，所以戴尔迅速介入这一细分市场并收获了回报。

还有两种截然不同的市场空缺检测方法。有时，企业家会主动站出来寻找空白，而有的人则会被空白所发现。第一个方法的典型企业家是阿里巴巴集团的创始人马云。20世纪90年代末，他在创办自己的公司时意识到中国没有抓住互联网指数级增长带来的机遇。于是，他建立了一个将中国企业连接到全球网络的互联网平台。此外，马云还证明了在特定市场取得成功并不一定需要深厚的专业知识。他是一个互联网亿万富翁，却声称自己一生只写过一行代码！

与此同时，拉里·佩奇（Larry Page）和谢尔盖·布林（Sergey Brin）则属于第二类。20世纪90年代中期，两人在斯坦福大学读书，研究算法，以获得更好的互联网搜索结果。那时他们只是在为自己的博士论文收集大量的网络链接，并没有想过要建立一个像搜索引擎这样伟大的东西。但在他们意识到这一点之前，这已经成为他们工作的成果。2004年，佩奇向《彭博商业周刊》（*Bloomberg Businessweek*）解释说："我们告诉了我们的朋友和教授。很快，每天就有大约1万人在使用它。通过与所有搜索公司的首席执行官交谈，我们意识到，从商业角度来说，没有人会去开发搜索引擎。他们说，'哦，我们并不真正关心我们的搜索引擎。'我们意识到这是一个巨大的商机，而其他人都不愿涉足这个领域。"

真正伟大的企业家在成功填补旧缺口的同时，也会不断发现新的缺口。例如，网飞（Netflix）是一家不断自我改造的企业，以填补娱乐行业一系列不断出现的新空缺。早在1997年，它的创始人里德·黑斯廷斯（Reed Hastings）和马克·鲁道夫（Marc Rudolph）就意识到，消费者开始以一种不同的方式进行娱乐消费。以前，人们可能会去当地的百视达（Blockbuster）商店租赁影碟，而现在，顾客们越来越习惯亚马逊（Amazon）这样的在线零售商。因此，网飞开始提供DVD（数字激光视盘）租赁服务，在线接收订单，通过邮寄发放光盘。但是，随着时间的推移，一种新的现象开始出现，那就是在线流媒体内容可被直接推送到个人设备上。网飞就此舍弃了它陈旧的、垂死的模式，并对自己的业务流程进行了改造：先是提供可下载服务，然后是流媒体服务。最近，随着其他公司进入流媒体服务市场，网飞又变身为内容生产商，并投入巨资，试图成为最重要的原创内容提供商之一。

在 2012 年接受《连线》（*Wired*）采访时，黑斯廷斯十分详尽地阐释了试图发现市场空缺并决心填补它时存在的内在风险："作为一个企业家，你必须觉得你可以跳出飞机，因为你相信自己能抓住一只飞过的鸟。这是一种愚蠢的行为，大多数企业家都失败了，因为当时并没有鸟儿飞过，但有时的确有鸟儿会从飞机下飞过。"

* 支持你自己 *

开始做事的第一步,就是不再空谈,付诸行动。

——华特·迪士尼(Walt Disney)

世界上有成千上万的人梦想着自己成为老板，经营自己的生意，把自己的伟大想法变成一个成功的企业。然而，只有一小部分人会尝试一下。与之相对的，大部分人会固守自己所知道的东西，为别人工作，利用自己的才能帮助别人赚钱。一个成功的企业家应当具备的第一个特征是自信。如果你不相信自己具备成功的条件，那么你可以确信，其他人也不会认为你拥有这种条件。如果没有信心向未知迈出步伐，建立自己的事业，你的梦想将只是梦想，只是你脑海中未实现的想法而已。

所有成功的企业家都有一个共同的决定时刻，那是他们向自己承诺要将想法转化为行动的一刻。他们每个人都下定决心要在市场上取得成功，即使更安全的选择是接受一份常规工作，让别人承担所有风险。但他们仍然选择自己承担风险，并且乐观地认为自己可以把事情做得足够好，从而获得相应的回报。他们听从内心的声音："你能做到。"2005年，苹果公司联合创始人乔布斯在斯坦福大学毕业典礼上发表演讲，主题便是"走自己的路"。

你的时间有限，所以不要浪费它去重复别人的生活。不要被教条所束缚，那意味着你活在别人思考的结果里。不要让别人的意见淹没你内心的声音。最重要的是，要有勇气追随自己的内心和直觉。它们在某种程度上已经知晓你想成为什么样的人。其他一切都是次要的。

一些有抱负的企业家，会因为担心自己的商业理念尚未完全成形而裹足不前。虽然没有人能指望一个半生不熟的计划能取得成功，但同样真实的是，很少有企业能够在拥有确保成功的所有要素的情况下存活下来。从第一天起就让产品或服务、品牌、市场营销、财务和市场全部到位的机会确实很渺茫。创业之旅的一个重要组成部分是，让你有时间建立自己的企业并为客户做好准备。让你的企业从一开始就为做到最好而奋斗，是令人钦佩的事。相信你的企业从一开始就很完美，那是愚蠢至极的想法。正如脸书的马克·扎克伯格(Mark Zuckerberg)在2016年接受《连线》

杂志采访时所言:"如果你认为一件事必须十全十美才能开始,那么很多时候,你就永远不会开始了。"

传奇的时装设计师可可·香奈儿(Coco Chanel)提供了一个很好的案例,她借此说明了企业家把自信作为第一资产的重要性。1883年,她以加布里埃尔·博纳尔·香奈儿(Gabrielle Bonheur Chanel)的身份开始了自己的事业。她是一个洗衣女工和街头小贩的私生女,她的母亲在她12岁时就去世了。接下来的几年里,她在一所女修道院学习缝纫,并利用这项宝贵的技能找到了一份女裁缝的工作。但当时几乎没有人预料到她这一生会有如此大的成就。

然而,可可·香奈儿察觉到了市场中的风向变化。她的职业生涯始于服装改造,这样女性就可以把身体塞进紧身胸衣,用笨重的裙撑架起她们的裙子,从而展现出理想的身材。但到了20世纪10年代,她越来越意识到,有如此之多的女性期待在家庭之外的环境中生活。可可的顾客现在渴望购买那些看起来漂亮,但又实用且舒适的衣服。她决定由她来提供这些服饰。

获得了启动资金后,她在巴黎开了一家小型女帽店,然后又陆续在海滨城市多维尔(Deauville)和比亚里茨(Biarritz)开了第二家、第三家。她是一个很有创意的营销员,曾付钱给一对年轻漂亮的亲戚,让他们穿着她的衣服在多维尔招摇过市。到1918年,她筹到了足够的资金,在巴黎开设了第一家精品服饰店,她那些总是优雅又实用的女装,令她在世界范围内收获了大量赞誉,也获取了可观的个人财富。她还不断创新,采用新材料,比如平针织物,来迎合新市场与解放的女性。

  对于世界各地积极进行自我创业的人而言,可可·香奈儿是一张蓝图。我们可以很容易得出结论,与她出身类似的人根本无法经营出属于自己的跨国企业(而在20世纪早期,女性的市场壁垒相对男性来说本就高得多)。但她以自己作为设计师的技能和卓越的商业头脑为后盾,成为国际商业偶像。就像迪士尼所说的那样,她没有满足于空谈,而是着手于实践。

一个极佳的主意

另一位创业者案例是内衣生产商斯潘克斯有限责任公司（Spanx, Inc.）的创始人萨拉·布莱克利（Sara Blakely）。在众多生意场上的朋友似乎都在劝她不要轻易冒险的情况下，萨拉仍然鼓起了勇气进行创业。萨拉是在佛罗里达炎热的天气里做销售培训师的时候，有了创作她标志性的无脚紧身连裤袜的想法。她想要保留连裤袜的优点，但为了适应对凉鞋的偏好，她进行了重新设计。萨拉用毕生积蓄开发了一款原型机，但她接触的每一家丝袜制造商都拒绝了她的商业创意，有些人甚至表示，她的想法太离谱了，一定是一个恶作剧。但最终，一位工厂老板询问了他女儿们对这个创意的看法，她们纷纷表示喜欢后，他才同意进行生产。事实证明，斯潘克斯品牌获得了巨大的成功，萨拉也加入了白手起家的亿万富翁行列。

* 灵感与努力 *

最关键的因素是站起来做点什么。

——诺兰·布什内尔（Nolan Bushnell）

雅达利（Atari）游戏公司和查克芝士（Chuck E. Cheese）餐厅创始人
引自查克·葛洛齐在 topachievement.com 中的转述

所有的企业家或多或少也是梦想家,但正是这种将梦想和抱负化为动力的能力,让一个人从梦想家变成了企业家。正如布什内尔对上述引文的延伸:"就这么简单。很多人都有想法,但很少有人决定现在就做些什么。不是明天,不是下个星期,而是今天。真正的企业家是实干家,而不是梦想家。"

这一观点得到了各个时代企业家们的认同。托马斯·爱迪生(Thomas Edison)在 1923 年对媒体表示:"我的任何发明都不是偶然的。我只要看到一个有价值的需求需要被满足,就会一次又一次地尝试,直到发明成功。归结起来,这就是 1% 的灵感和 99% 的汗水。"爱迪生是一个真正的天才,但他煞费苦心地告诉人们,你可以有最伟大的梦想和最棒的想法,但如果你不准备付出努力将这些梦想和想法变成现实，它们将毫无价值。

　　肯德基创始人"上校"哈兰德·大卫·桑德斯（Harland David Sanders）也是一位企业家，他的创业成功在很大程度上应归功于他卓越的职业道德。他在铁路公司干过各种各样的工作，当过船夫，做过旅行推销员，在通往事业成功的路上还做过加油站服务员。有一段时间，他甚至使用了他第一家餐厅附近的私人生活区，为拥挤的顾客提供更多空间。与此同时，当他不为客户服务时，他会花空闲时间完善他的油炸技术，开发炸物面衣的"秘密配方"，这最终为他赢得了财富。

　　最近，比尔·盖茨透露，在他20多岁的时候，为了把微软打造成世界领先的软件公司，没有休过一天假。同样，在亚马逊起步阶段，杰夫·贝索斯以每周工作7天、每天工作12个小时而闻名，他经常在凌晨2点或3点起床，以确保订单准时发货。他的职业道德在学校里就已经让人见识到了。一名同学遗憾地回忆说，当贝索斯宣布打算成为高中毕业生致辞代表时，其他所有的学生都接受了他们只能争夺第二名的事实。还有百事可乐公司前首席执行官英德拉·努伊（Indra Nooyi），她曾在前台工作，经常从午夜一直工作到凌晨5点，以便读完耶鲁大学的学业。后来，她在接受采访时表示，她曾经希望一天能有35个小时来完成更多的工作。

另一位投入了大量时间的人是美国著名连续创业企业家加里·维纳查克（Gary Vaynerchuk），在他担任老板的头5年里，他的家族葡萄酒生意的市值从300万美元飙升到4.6亿美元。在他2009年出版的书《粉碎它！是时候利用你的激情来赚钱了》（*Crush it! Why Now Is the Time to Cash In on Your Passion*）中，他总结了自己成功的秘诀："爱你的家人，超级努力地工作，充满激情地生活。"

但如果"更多时间＝更加成功"的等式是错误的呢？很多人都这么认为。这就是"更聪明地工作，而不是更努力地工作"的理念近年来获得了如此大影响力的原因。它的倡导者辩称，办公室里充满了僵尸化、毫无动力的员工，他们忘记了当初为什么来工作，他们根本不能推动企业向前发展。相反，企业进步是由头脑清醒的员工取得的，他们有个人资源和精力来制定"必做"清单，并专注于那些对业务影响最大的任务。例如，所谓的帕累托原则（Pareto principle）表明，80%的业务是由20%的商机产生的。想象一下，如果有人聪明地从战略上确定应该关注那20%的线索，而不是为了渺茫地希望以及一个客户而四处奔波，这将带来多大的收益。

聪明地工作还要求人们明确各自的优点和缺点，让他们全力以赴地做自己最擅长的事情，并把那些与他们的优点没什么关联的任务分配出去。企业家可能认为，他们把110%的精力投入到自己的事业中，就能最大限度地提高成功的机会。但是，正如每个学生都知道的那样，无论如何，人类不可能投入那么大的努力——即使投入了，你的能量储备很快就会被消耗殆尽，你也会筋疲力尽。2013年，沟通和职业发展公司适点（FinePoint）的创始人梅雷迪思·法恩曼（Meredith Fineman）在《哈佛商业评论》（*Harvard Business Review*）上发表了一篇文章，探讨了"更聪明地工作"这个主题。

你在办公室待了15个小时，双眼充血干涩，注意力完全不集中，并不意味着你以一种聪明的方式完成了工作。很多人都写过或说过这个问题。一般来说，在你开始沉迷于网络素材或社交媒体之前，你有90—120分钟的工作时间。如果你在办公桌前连续工作15个小时，没有休息，你的工作效率如何？你浪费了多少时间？作为一名企业家，努力工作和聪明工作之间的区别深深打动了我。这并不是说你不应该勤奋，或者你应该三心二意地执行任务，而是说，重要的是知晓你必须做什么，而不是你能做什么。这与战略性决策有关。

理查德·布兰森是提倡灵活工作模式的知名人士之一。例如，他的公司提供在家工作和无限休假的选择。这一理念并不是要员工减少工作，而是帮助人们在职业生活和私人生活之间实现更好的平衡，这样他们将更快乐，更有生产力——这对每个人都是有利的。科学技术提高了这样一种可能性：在未来，工人们能够在三到四天内完成如今一周的工作。"每个人都希望有更多的时间和自己爱的人在一起，更多的时间健身，更多的时间探索世界。"布兰森说，他打赌，通过减少在办公室待多久的担忧，他的员工将更聪明地工作。（不过，值得注意的是，有证据表明，无限制休假权利实际上会导致一些员工减少休假，以取悦他们的老板。正如人们所说，通往地狱的道路有时是由良好的意愿铺成的。）

当然，努力工作是任何成功企业的重要组成部分，但是为了它而努力工作是毫无意义的。成功的企业家是一个实干家，他会寻找那些他们可以完成的任务，以获得积极的优势。用亿万富翁、投资者巴菲特的话来说："我不想奋力跳过七米高的栏杆，我要的是能够一步跨过的围栏。"

* 梦想不嫌大…… *

我们所有人都需要为自己的生活设想一个愿景……当你向梦想屈服,并让梦想引领你到达下一个最佳境界时,成功就来了。

——奥普拉·温弗瑞(Oprah Winfrey)

《O》(奥普拉的杂志),2001年

每个企业家的冒险都始于一个梦想，也就是一个他们可以用自己的才华来创建企业的想法。要想成功，企业家需要具备很多特质：务实、积极主动、有策略、明智、雄心勃勃、实事求是。而这些只是其中的一些必要特性。一个企业家最不需要的是虚妄的、愚蠢的、不成熟的幻想。关键是要避免成为幻想家，但要坚持最初的梦想。当然，企业家不应该为了实现不了的目标而牺牲自己的事业，但他们也应该避免被失败的恐惧所束缚。

在当代创业巨头中，肯定没有人比埃隆·马斯克（Elon Musk）更像一位梦想家了。毕竟，他的思想不仅在云里雾里，更是在太空深处。他有一个拓展思路的历程，这些想法在我们大多数人看来完全不现实，但他以真诚的热情将它们变成了现实。

正如比尔·盖茨所言："我们并不缺乏对未来有远见的人。埃隆之所以与众不同，是因为他有能力实现自己的梦想。"

马斯克也承认，并不是所有的计划都能如愿以偿，但很多还是实现了。因此，他的职业生涯是一个活生生的例子，告诉我们看似离谱的梦想和难以把握的创业是如何共存的。即使是对那些在更加"脚踏实地"的领域（说实话，这是大部分！）开展业务的企业家来说，马斯克仍然提供了宝贵的经验。人们有时会说，政治是可能性的艺术，但创业精神也是如此。有些事情或许看起来不可能，有些缥缈，但真正雄心勃勃的企业家，不应该在探索它是否能实现之前就早早地放弃梦想。正如马斯克在 2012 年接受《时尚先生》（*Esquire Magazine*）杂志采访时所说的那样："第一步是要确定某事是有可能的，接着，成功的概率就会提升。"

在许久以前，马斯克就允许自己抱有梦想。20 世纪 90 年代中期，正在攻读博士学位的他意识到互联网将改变世界。他梦想成为其中的一员，但风险很高，他本可以继续走现有的道路，这无疑会给他带来成功和更安全的环境。2014 年，他在接受中国财经节目《财新时间》采访时说："在 1995 年夏天，我眼中的互联网似乎将对人类产生重大影响。我当时想着，好吧，我可以研究电动汽车技术，在斯坦福攻读博士学位，坐视互联网成长起来，或者我可以暂停我的研究，试着成为互联网的一部分。"

众所周知,马斯克选择了后者。首先,他创立了贝宝(PayPal),并在 2002 年以近 15 亿美元的价格将其出售。随后,他成为特斯拉汽车公司的高管,这是一家专注于电动汽车和可再生能源的前瞻性汽车制造商。然而,他在美国太空探索技术公司(SpaceX)所扮演的角色,最能体现出马斯克"战略性梦想家"的身份。作为公司的创始人和领军人物,他一直致力于寻求切实可行的解决方案,使以前难以想象的星际探索成为可能。这家公司有一个明确的目标——削减太空运输成本,最终征服火星。2015 年,马斯克在国际空间站研究与发展会议上表示:"如果 SpaceX 和其他公司能够降低(将飞行器)运输到轨道或更远地方的成本,那么,在旅行的目的地,就会有很大的创业潜力。"这简直是把科学幻想变成了务实的企业家精神。

试着去向任何一位成功的企业家询问成功的秘诀吧,你会发现,没有人说他们是通过给梦想设定上限而成功的,哪怕他们采用了一系列的制衡措施,来确保他们的梦想是可能实现的。以奥普拉·温弗瑞为例,她一直是追逐远大梦想的倡导者。2010 年,她对《财富》杂志说:"做小人物对我没好处。事实上,我想要影响数百万人。我不是那种会说:'哦,如果我能改变一个人的生活……'不,我不满足于只为几个人谋福利,我想要改变数百万人的生活。"而她的确感动了数百万人,但要实现她的雄心壮志，首先要给雄心生存的空间。

与此同时，谷歌已经成为我们日常生活的重要组成部分。人们越来越难以想象谷歌出现之前的生活是什么样子的。然而，当谢尔盖·布林和拉里·佩奇刚起步时，设计一个覆盖全球的搜索引擎的想法，就像马斯克对移民火星的抱负一样疯狂。拉里·佩奇还记得他在 2009 年于密歇根大学毕业典礼中发表的演讲：

我有一个关于追寻梦想的故事……这是一个梦想成真的故事……嗯，我 23 岁的时候就有一个这样的梦想。当我突然醒来，我在想：如果我们可以下载整个网页，只保留链接，然后……我抓起一支笔开始写下来！……令人惊讶的是，我从来没有想过建立一个搜索引擎。……当真正伟大的梦想出现时，抓住它！

从现代商业大师那里听到这样的建议可能令人畏惧不前。我们可能会认为，当他们的梦想已经变成了市值数十亿美元的巨头时，对他们来说，说一句"坚持你的梦想"是很容易的事。但与温弗瑞、马斯克和佩奇相比，还有无数低调的企业家走上了类似的道路：敢于梦想，并敢于将梦想变成现实。无论如何，梦想的规模是一种定性而非定量的物质。马斯克的最大梦想是掌控宇宙。这对他来说是最合适的。有些人的大梦想可能是拥有一个单独的商店，或在卧室里经营网上业务。关键是，每个企业家都应该允许自己的梦想尽可能地放大。

在巴里·法伯（Barry Farber）的《钻石力量：美国伟大营销者的智慧宝典》（*Diamond Power: Gems of Wisdom from America's Greatest Marketer*）中，饱受争议但又常被引用的励志大师拿破仑·希尔（Napoleon Hill）评论道："珍惜你的愿景和梦想，因为它们是你灵魂的孩子，是你最终成就的蓝图。"书中所配的照片非常具有震撼力，他的另一段话进一步加深了这种震撼，那是关于将愿望变成现实的："目标是有期限的梦想。"

＊……但要小步前行 ＊

即使你的野心很大，也要慢慢开始，从小处开始，逐步地开始，聪明地开始。

——加里·维纳查克（Gary Vaynerchuk）

《粉碎它！是时候利用你的激情来赚钱了》（*Crush It! Why Now Is the Time to Cash In On your Passion*，2009 年）

虽然雄心壮志是创业成功的先决条件,但值得铭记于心的是,世界上没有任何一项事业是以完全成形的成功姿态入市的。所有事业都是从某个想法的核心处诞生的。换句话说,它们一开始都很小。正如中国古代伟大的思想家老子在《道德经》中所说:"千里之行,始于足下。"

每个企业的进步速度是不同的。让你的企业从小处开始、有机地发展,并不代表你缺乏雄心。也许在1个月、6个月甚至6年之后,重大突破就会到来——只要你的业务朝着正确的方向发展并仍然行之有效,就不要被诱惑,在它准备好之前就仓促行事。在你会走路之前,最好不要跑步。如果有机会的话,一定要抓住机会,推动你的事业向前发展。但要小心,当机会还没有出现时,不要强行奔跑。

还有一句老话,有时被认为出自罗伯特·路易斯·史蒂文森(Robert Louis Stevenson)之口:"不要以你收获了多少来评价每一天,而要看你种下了多少种子。"这对刚刚起步的创业者来说是很好的建议。当然,尽早拥有厚厚的订单簿和不断扩大的银行余额是件好事。但即使你的业务没有蓬勃发展(只要它没有让你陷入灾难性的赤字),它也可能奠定了最终带来成功繁荣的所有根基。你是否提供了市场需要的商品或服务?你能以合理的价格供应给你的消费者,并承担这个价格吗?你是否有足够的客户基础愿意再次为你花钱?你的品牌是否已经走出圈,为人所知?这些都是你成功播种的迹象,所以别操之过急。

以脸书为例。这是一个彻头彻尾的现代企业,似乎凭空而来,眨眼之间就占领了世界。2004年,当时还是哈佛大学20岁学生的马克·扎克伯格在宿舍里创建了thefacebook.com。受传统大学年鉴中包含学生信息(如小传和联系方式)的启发,他建立了自己的网站,作为哈佛同学相互联络的一种方式。当将近一半的学生在网站注册后,他开始考虑进一步拓展。在接下来的几个月里,他在全国各地的其他学院和大学推广了这项计划。扎克伯格小心翼翼地向前踱步,确保他的市场真实存在,确保他的网站做了它该做的事。

不到 10 个月，脸书就有了 100 万用户。不到 2 年，这个数字就增长到 5000 万，并在 2012 年迅速达到 10 亿。如今，脸书的用户已达 25 亿左右。这是一家指数级扩张的大公司，但扎克伯格很明智，让它按自己的节奏发展。他有耐心从小处做起，并在此基础上不断发展。正如他在种子孵化器 Y Combinator 公司主办的 2012 创业学校（2012 Startup School）上所说："我们花了一年时间才获得 100 万用户，我们认为这已经是非常快的速度了，但仍然远不如当今那些发展得更快的事物。我觉得花时间慢慢做，对我们来说是很值得的事。"现在，并不是每个企业家都能达到（哪怕想要达到）脸书这个层级的商业成功。对大多数企业来说，增长将是一个规模较小、速度较慢的过程，但即使是行业头部企业，也会经历一个婴儿阶段，这一点具有启发性。

谷歌遵循了类似的模式，创始人拉里·佩奇和谢尔盖·布林在一间车库里创立了这家公司，从很小的规模开始，然后发展成为市值甚至超过脸书的企业。再看看两个童年伙伴本·科恩（Ben Cohen）和杰里·格林菲尔德（Jerry Greenfield）的案例吧。1977 年，他们学习了冰淇淋制作的相关课程，并在第二年于佛蒙特州伯灵顿的一处曾是加油站的地方开了一家冰淇淋店，名叫本杰瑞（Ben & Jerry's）。他们一直等到 1981 年才开设了第一家特许经营分店。到了 2000 年，该公司已成为一个口碑极佳的全球品牌，就在那时，两位创始人以超过3亿美元的价格将公司出售给了跨国企业联合利华。再往前追溯，你会发现经历了美国内战的老兵约翰·彭伯顿（John Pemberton）在佐治亚州一家药店的冷饮柜台上建立起了全球可口可乐帝国。在那里，他开发了一种名为"法国古柯酒"（French Wine Coca）的神经补剂，这是可口可乐最早的名称。

以上的这些创业者都遵循了励志大师拿破仑·希尔在他的《成功法则全书》（*The Law of Success: in Sixteen Lessons*，1928年版）中总结的一种创业策略："如果你做不了伟大的事情，就用伟大的方式做小事。"当时，他们的企业还太年轻、不够发达，似乎和未来的商业巨头毫无瓜葛，但他们都耐心培育自己的企业，确保做好自己当时能做的事情。然后，当成长和发展的时机成熟时，他们就可以勇往直前。

做一名企业家有点像为人父母。你希望你的孩子长得又大又壮，能够独立自主，壮实有耐力。但这是一场漫长的游戏，没有父母会认为他们的孩子在从产房被带回家的那一刻就准备好迎接这个世界。长期的创业者也不应期望他们的业务从第一次开张的那一刻起就开始超速运转。据说马克·吐温（Mark Twain）曾说过："成功的秘诀就是开始动起来。而开始行动的秘诀，是把复杂的、压倒性的任务分割成小的、可处理的任务，然后从第一个开始着手。"或者就像劳伦斯在电影《阿拉伯的劳伦斯》（*Lawrence of Arabia*）中说得那样："大事开端皆小事。"

* 制 订 计 划 *

在为战斗做准备时,我总会发现计划是无用的,但计划又是必不可少的。

—— 德怀特·艾森豪威尔(Dwight Eisenhower)

由理查德·尼克松(Richard Nixon)转述

有下面这么一个关于樵夫的简短故事,通常被认为是亚伯拉罕·林肯(Abraham Lincoln)的作品。但事实上,这个故事最早可能出现在 C.R. 杰卡德(C. R. Jaccard)于 1956 年所发表的文章《公共事务教育的目标和哲学》(*Objectives and Philosophy of Public Affairs Education*)中。据说,有一次,有人问一位樵夫:"如果你只有五分钟的时间砍倒一棵树,你会做什么?"他考虑了一会儿这个问题,回答说:"我会在开始的两分半钟里磨斧子。"这个故事的寓意是:准备工作是成功的关键。

如果想证明这一显而易见的真相,你只需看一集《学徒》(*The Apprentice*)或类似的节目,就会意识到,即使是一些被他人认为最聪明的企业家,有时也会完全忘记做计划的重要性,而且这很少有好结果。

新入行的企业家往往无法将自己的商业抱负执行下去。当一个新想法突然出现，在随之而来的兴奋中，你很容易将原本的商业计划推迟到以后……而这通常意味着，它永远不会再出现在你的创业活动中。在你制订商业计划时，务必具备业务前提和关键的投资资本，以及一张需要人们坐下来填满的白纸：（一）你的业务是否有实际成功的机会；（二）生意在一个月、一年或者五年内的发展预期。即使是在创办一家新企业的混乱和兴奋之中，也确实值得花时间全盘考虑一下。正如沃伦·巴菲特（Warren Buffett）在1991年所说的那样："有人能在今天坐在树荫下，是因为很久以前有人种了一棵树。"

那么，制订商业计划的目的是什么呢？以下是其中的一些好处：

- 测试你商业理念的强度。
- 清晰地定义你对业务的愿景和目标。
- 承认公司的优势和劣势。
- 建立你将赖以运作的价值观。
- 对可能的支出、收入和利润进行现实的评估。

- 当事情无法避免地变得艰难时,作为一种对自身理性的检查。
- 设定目标。
- 提供市场和竞争对手的分析。
- 专注于你的客户群体,以及如何为他们服务。
- 指导你的营销策略。
- 为人员招聘提供方向。

一旦你有了一个强有力的计划,你就可以与他人分享它了。一份可行的商业计划书通常是银行融资的先决条件,任何负责任的投资者都可能会要求一份商业计划书。如果有人在不了解你的资金使用方向的情况下就乐意向你投钱,那么,他们很可能不是你想要的那种投资者。即使你向朋友和亲人寻求资金支持,你也要确保每个人都知道公司的首要目标是什么,这才是公平的,也是避免日后相互指责的有效方式。这样的话,如果事业开始偏离正轨,你就能更加容易地识别出哪里出了问题,哪些问题可以得到纠正,哪些命题从根本上就是不可行的。

如果每个人从第一天开始就接受这个计划,计划也能被广泛执行,那么,人们因失败而被责骂的可能性就会小得多。更乐观地说,当成功向你招手的时候,它还可以让人们有更大的把握去抓住它。一个强有力的商业计划，也可以通过向新员工介绍你的企业文化和期望，帮助他们跟上进度，不过，我通常会建议把财务细节握在你自己手中。

然而，有一件重要的事要记住：虽然你的计划应当作为你的商业路线图，但它也要足够灵活，以应对不断变化的环境和不可预见的挑战。我们中有太多的人向老板提交了财务预测，他们每个人都非常清楚，这些数字只是从充满希望的猜测中得出的，甚至是胡乱猜测的。事实上，没有人知道5年后会发生什么，尤其是在经济方面。正如美国经济学家、斯坦福大学教授埃兹拉·所罗门（Ezra Solomon）曾经指出的那样："经济预测的唯一功能，就是让占星术看起来值得尊敬。"同样，沃伦·巴菲特也曾表示，大多数经济预测更多地反映了预测者的情况，而不是现实情况。他在1999年对《商业周刊》说："我不读经济预测，我不看那些可笑的报纸。"

亚马逊创始人杰夫·贝索斯也是一位告诫人们不要过度依赖商业计划的人。《福布斯》曾援引他的话："任何商业计划都无法经受住面对现实的第一次考验。现实总是不同的。它永远不会像计划的那样。"但贝索斯并不是说为企业做规划是在浪费时间。可以肯定地说，亚马逊的成功，不是在创始人未给公司规划未来的情况下就匆忙作出决定的结果。与此同时，贝索斯指出，如果你察觉到新的信息和意外情况，却仍然坚持同一个计划，也会像完全没有计划一样对你造成损害。（关于适应性的好处，请参阅下一章。）正如他在 2015 年向《外交事务》（*Foreign Affairs*）杂志解释的那样：

你不能干坐着写一份商业计划，然后说你要建立一个价值数十亿美元的公司。这是不现实的。一个好的企业家有一个商业想法后，他们可以在一个更合理的框架上开展工作，然后根据情况作出调整，再继续进行下去。

企业家不应该把他们的商业计划视为自己对未来预期牢不可破的宣言。相反，它应该作为一种方式，让他们和自己的企业为未来发生的任何情况做好准备。基于现有的数据，你还要知道，你不可能考虑到所有的信息。没有一项商业计划能保证你一帆风顺地走向成功，但它可能会防止你被自己的鞋带绊倒。正如牧师威廉姆斯（H. K. Williams）在 1919 年版的《圣经世界》（*The Biblical World*）中所说的："记住，如果你不做好准备，你就是在准备失败。"

简单明了

爱彼迎（Airbnb）创始人布莱恩·切斯基（Brian Chesky）是保持商业计划简单性的坚定拥护者。在 2014 年接受《快公司》（Fast Company）采访时，他透露，他会在一张纸上勾勒出公司当年的整个商业战略，他把这份文件戏称为"统治世界的恶名之纸！"。"当你有太多计划的时候，"他说，"真的很难保持专注。"他还说："如果你不能把它写在一页纸上，说明你没有把它简化得足够简单。"

* 适 者 生 存 *

在这个世界上，只有一件事是永恒不变的，那就是变化。

——亨利·福特（Henry Ford）在接受广告商人和作家布鲁斯·巴顿（Bruce Barton）的采访时说："让一切重新开始是很有趣的。"

《美国杂志》（*The American Magazine*，1921）

虽然制订计划是值得的，但适应能力也是创业成功的一个基本特征。无论你为自己的生意做了多么周密的计划，商业的本质就是你总会受无法控制的情况摆布。你可能经营着世界上最好的滑雪小屋，但如果所有的雪都在滑雪季快速融化，那也无济于事。也许你有镇上最好的小咖啡店，但谁会在乎是咖啡豆收成不好，致使你没能得到所需的咖啡豆？或者，你的首席咖啡师突然辞职，去往尼泊尔最深处的某个地方接受佛教高僧的点化？

这时，你需要证明自己不是只会一种把戏的小马驹，而是一只商业变色龙。你需要根据环境的变化作出改变，并随着业务各个组成部分的变化而不断调整。也许你可以把你的滑雪小屋改造成一个私人温泉疗养地，而那家咖啡店可以垄断特产茶的市场。

有些想法可能会成功，有些可能会半途而废。但是，当事情开始偏离轨道时，你若无所作为，其结局必定是失败。正如理查德·布兰森 2008 年在他的博客中所写的那样：想在不断变化的市场中走出危机，最好、最可靠的方法是进行尝试和适应。

在适应力方面，小型初创企业往往发现自己比规模更大、更成熟的竞争对手更有优势。巨头们通常会利用自己的规模优势来控制一个稳定的市场。但当环境发生变化时，巨头们会发现，给自己重新定位会变得非常困难。因此，对于那些希望坚持自己商业计划的小型企业家来说，市场混乱虽然是一种不受欢迎的干扰，但它是一个赶上竞争对手的机会。马克·扎克伯格（让我们回想一下，他是在大学宿舍里开始建立自己的商业帝国的）在 2012 年接受《商业周刊》采访时说："我希望脸书永远像一个只有其现有体量的 1% 的公司一样快速运营。"换句话说，当你需要迅速采取行动、适应环境的变化时，保持苗条和饥饿感总是比庞大和笨重要好。一年前，扎克伯格和脱口秀主持人查理·罗斯探讨了这个想法，当时，他谈到了专注于一两个核心事务，而不是"试图自己做所有事情"的企业的优势。扎克伯格说："我们相信，一个独立的企业家总是能打败大公司的整个部门。"与之相似的，苏尼尔·米塔尔也将自己早期的成功归功于比对手行动更快的优势。他在华盛顿举行的 2008 年美印商业委员会年会上说道：

如果你在速度和完美之间选择速度，完美就会随之而来。从来不要等待完美的位置，因为在商业中，你没有充足的时间。尤其当你是一个小公司时，你根本做不到……大公司有自己的时针。他们比我们落后了几个月，这让我们为自己找到了一个细分市场，并反过来让我们变得更加强大。

那么，计划怎样才能永久地与适应性共存呢？这两者绝不是互不相容的。事实上，如果企业家有一个压倒一切的计划来指导他们，他们可能以更迅速、更具战略性的方式作出回应。换句话说，当你有一个计划要实施的时候，实际上你更容易脱离计划。下面这些有用的指导方针可以确保你的业务保持灵活，具有顽强的生命力，无论你面临何种情况。

- 放眼全局。可能出现的情况是，在日常处理工作事项时，你与自己的生意是不可分割的整体，常常分身乏术。你是独自一人的乐队，需要独立完成所有事情。不管怎样，你是你公司的老板，你需要找到一种方法，把你从细节中解脱出来，从而看到整体的大框架。如果需要的话，雇一些帮手，但要给自己时间和空间，以看清大方向，从长远和战略性的角度去思考问题。

- 保持冷静。当你的企业面临挑战时，很容易陷入挣扎的情绪中。但冷静的头脑对于适当地应对挑战和调整你的经营方式至关重要。关注你的底线。无论你对自己的商业愿景多么坚定，都不要不惜一切代价地追求它。调节你的视野以避免灾难。然后就可以花时间重组，从你的经验中学习，让你的业务在一个更好的基础上重新启动。

- 创建一种稳健且适应性强的企业文化。你为企业定下了基调，从而可以努力确保你的员工们在处理无法避免的问题时不至于手足无措。还要记住，你的员工是第一个会察觉到潜在危机或环境变化的人。他们比老板更早地了解到市场上正在发生的事情，而老板离市场还有好几步。确保他们知道你想要听到潜在的问题，而在你们的沟通中，你会找到解决问题的方法。正如马克·扎克伯格 2013 年在 Y Combinator 的创业学校所言："我对优秀团队的定义是，一群人作为整体作出的决策，要比他们个人作出的决策更好。"

- 睁大你的眼睛，竖起你的耳朵。开始为犯错做准备的最佳时机，是在事情进展顺利的时候。不要在繁荣时期沾沾自喜，而是要调查整个市场；看看你的竞争对手正在做什么，看看世界上正在发生什么——即使是最细微的线索，也要警惕。不要干等到暴雪降临，或是咖啡豆已然歉收；密切关注风向预报，为最坏的情况做好适应的准备。

- 随时准备学习。适应力最强的人拥有适应力最强的大脑。当你以为自己什么都知道的时候，意想不到的事情才会发生。总是要乐于向他人学习，无论是向经验丰富的导师、客户还是员工队伍中的新面孔。伟大的想法可能来自任何地方，它们或许刚好能够帮助你走出困境。

- 从优势位置进行适应。当事情进展顺利时，你就会很容易认为自己已经知道如何玩这场游戏了。但是，最成功的企业家不是那些坚持成功模式的人，而是那些及时改变、重塑自我的人。以托马斯·爱迪生为例，他常被认为是美国有史以来最伟大的发明家之一。他还是一个商业天才，在许多领域都建立了企业。适应性是他的口号之一，他在研发上投入了大量资金，以确保自己永远是适应者并总是领先一步。1903年，当一名新员工加入公司时，他问爱迪生希望他遵守什么样的实验室规则。爱迪生回答道："哦不，这儿没有规矩！我们是要作出成就的！"

- 适应能力和恐慌不一样。适应是要坚强，所以不要把你的事业变成随风而动的芦苇。考虑哪些改变是必要的，哪些改变源于对意料之外的下意识反应。想想杰夫·贝索斯2002年在《纽约时报》（New York Times）上发表的评论："企业所犯的错误是，当外部世界突然发生变化时，它们可能会失去信心，转而追逐新的潮流。"

当涉及商业时，一致性和可靠性的价值有很多值得说道的。但这些都不应该以牺牲反应力和适应力为代价。毕竟，适应力是人类在世界上取得成功的基本标志。想想路易斯安那州立大学（Louisiana State University）的管理社会学家利昂·C.梅金森（Leon C. Megginson）的话，他在1963年写的文章《美国企业从欧洲学到的教训》（Lessons from Europe for American Business），发表在《西南社会科学季刊》（Southwestern Social Science Quarterly）上。梅金森向他那些有商业头脑的听众解释了伟大的博物学家、自然选择理论的创始人查尔斯·达尔文（Charles Darwin）的教诲："生存下来的不是最强壮的物种，也不是最聪明的物种，而是最能适应变化的物种。"

果断的杜邦

美国企业集团杜邦（DuPont）提供了一个关于适应性优势的完美案例研究。它于1802年在美国特拉华州成立，当时是一家爆炸物制造商，在美国内战期间为联邦军队提供了大约60%的火药。但当和平降临时，该公司利用自己的专业知识进行了调整和拓展，成为合成橡胶、聚合物（如聚酯、尼龙和特氟隆）、农产品、保健产品和电子产品等生产领域的市场领导者。随后，在2017年，它与陶氏化学（Dow Chemical）合并，交易价值超过1000亿美元，以迎接不断变化的全球化学品市场的新挑战。

* 将障碍变成机遇 *

你们从挫折中变得更聪明、更强大,这意味着,从此以后,你们的生存能力将会更顽强。这样的知识是一份真正的礼物,尽管它伴随着苦难。

——J. K. 罗琳(J. K. Rowling)

哈佛毕业典礼演讲

适应力是任何企业家的必备条件，无论他们正处于职业生涯中的什么位置。可以肯定的是，在创业的初期阶段，你会非常需要它。拥有适应力的好处是，如果你能成功地应对各种难题，跨越不可避免的障碍时，你就会变得更加强大和明智。据说，美国内战期间的传奇人物卡斯特（Custer）曾说过："关键不在于你被击倒多少次，而是你能站起来多少次。"这句格言既适用于商人，也适用于士兵或运动员。

以亨利·福特为例。在2008年全球金融危机之后的几年里，当美国汽车制造业陷入严重困难时，许多评论员都想知道，福特如果还在，他会如何看待这一切。毕竟，是他在20世纪初改变了这个行业。在他之前，驾驶汽车是精英阶层的一种爱好，在很大程度上，正是由于他完善了工业生产线，使汽车成为大众产品。福特汽车公司的 T 型车销量超过 1500 万辆，为福特赚了一大笔钱，改写了交通运输历史。然而，就在他创建同名公司的两年前，福特曾宣布自己破产，原因是他之前的汽车业务——底特律汽车公司（Detroit Automobile Company）破产了。在福特公司成立的最初两年时间里，它只生产了 20 辆汽车，而福特一直在努力寻找一种可行的设计和生产流程。其他不那么进取的人会在那个阶段放弃，但福特不会。他从这次不幸的冒险中吸取了教训，并很快建立了一家新的、准备工作更充分的公司，更适合主导市场。10 年之内，亨利·福特不仅自己富得惊人，而且福特公司成为蠢立在工业世界的庞然大物。

逆来顺受、从挫折中学习并将其作为成长和发展的养分，近年来被称为"成长型思维模式"（growth mindset）。卡罗尔·德韦克（Carol Dweck）在 2006 年出版的《终身成长：重新定义成功的思维模式》（*Mindset: the New Psychology of Success*）一书中推广了这个概念。她写道：

在成长型思维模式中，人们相信他们最基本的能力可以通过奉献和努力得到发展——头脑和天赋只是起点。这种观点创造了对学习的热爱和韧性，这是取得伟大成就的必要条件。

她认为，通过努力工作和坚持不懈，我们学得更多、更快，尤其是当挑战和失败被视为学习和提高的机会，而不是成功的障碍时。

奥普拉·温弗瑞是近年来最有韧劲的企业家，她在个人生活和职业生涯中克服了一连串挑战。她的故事归根结底是一个自强不息的故事，在这个故事中，个人发展、自我认知和职业成功携手并进。克服大量的挑战，对她的进化至关重要。"不知你有没有注意到，生活中一些最让人大开眼界的时刻，是在事情变得艰难的时候出现的？"2014 年，她在自己的杂志《O》中说道："困难时期当然很可怕，但它们也能带来真正的变革。"

如今，她被视为一名全球偶像，她从一个播音员和演员——她曾因在《紫色姐妹花》（*The Colour Purple*）中的表演获得奥斯卡奖——发展成为一个庞大的媒体、娱乐和商业帝国的老板。2019 年，《福布斯》估计她的净资产为 27 亿美元。比起她提到的那些"困难时期"，她实际经历的显然要更多。

1954 年，奥普拉·温弗瑞出生在密西西比州农村的一个年仅十几岁的单身母亲家里，在这样家庭出生的她似乎不可能取得如此非凡的成功。她早年生活极度贫困，也曾遭受过性虐待。她十四岁时怀孕，早产生下一个儿子，儿子在婴儿期就夭折了。之后，她搬到了田纳西州。作为美国南部一名年轻的黑人女性，她在那里参加了正在进行的一场激烈的民权运动，她也由此开始改变自己的生活。奥普拉开始对自己的生活负责，"我们都要对自己的生活负责。你不能责怪种族隔离制度、你的父母以及你的处境，因为你不代表你的处境。你代表你的可能性。"她在2007年接受《O》杂志采访时说道。同时，她决定要利用自己所有的经历，包括好的和坏的，来推动自己前进。她在2014年出版的《我坚信》（What I know for sure）一书中写道："我确信我们所有的障碍都是有意义的。""是否愿意从这些挑战中学习，是成功还是受困的关键。"

还在上学的时候，奥普拉就在当地广播电台找到一份工作，后来当上了新闻主播，之后又当上脱口秀主持人。她天生的娴熟的沟通技巧让她的观众越来越多，这促使她决定创办自己的制作公司。32岁时，奥普拉成为百万富翁，不到10年，她就以3.4亿美元的身家跻身福布斯400强名单。到2003年，她成为世界上第一个白手起家的黑人女性亿万富翁。自始至终，她推动自己去迎接新的挑战，不惧失败。她在2012年对《福布斯》杂志说："做你认为自己做不到的事。失败就失败。再试一次。第二次做得更好。唯一不会跌倒的人，是那些从不爬上钢丝的人。"

在《我坚信》一书中，奥普拉把生活中的挑战比作地震。她认为，这些震动是人类生存不可避免的一面。忍受它们的唯一方法，就是改变你的姿势，这样它们就不会永远地把你击倒。但是，她说："我认为这些经历是一种天赋，迫使我们向右或向左迈进，以寻找新的重心。不要抗拒它们。让它们帮你调整你的步伐吧。"

换句话说，即使一次地震可能让你颤抖，甚至感觉受到打击，也要让它成为你的向导。2014 年，奥普拉在斯坦福大学商学院（Stanford Graduate School of Business）接受采访时说："你的生活是你最伟大的老师。每天发生在你身上的每一件事，你的快乐、你的悲伤、你的挑战、你的担忧……一切都在试图把你带回家，回到你自己身边。而当你独自在家时……你就只剩下自己了。"

理查德·布兰森也认同这种观点。2009 年，在接受 success.com 网站采访时，他宣称："挑战在于将伟大的想法贯彻到底。我认为，如果（你）有了一个很棒的想法，你需要做的就是试一试。如果你摔倒了，爬起来再试一次，从错误中吸取教训。"

互联网奇迹的起源

中国电子商务公司阿里巴巴是世界上最大的公司之一。阿里巴巴创始人马云的经历,是韧性和毅力方面的一堂实践课。20世纪90年代中期,他作为一名英语教师访问美国,第一次接触到了互联网。在那之前,他经历了许多职业上的失意。他两次大学入学考试不及格,被哈佛商学院拒绝了不下十次。事实上,当第一家肯德基来到中国时,这家美国快餐巨头也拒绝了给他工作机会。但马云并不气馁。"永不放弃"是他的人生座右铭。他试图通过美国之行去了解互联网如何才能满足中国市场的特殊需求。他在1999年创立了阿里巴巴,但成功并非一蹴而就。

在他找到正确的商业模式之前,阿里巴巴进行了大量的试验,也出现了许多次错误,"生存几年"成了公司的祈愿。到了2015年,《福布斯》将马云列为世界上最具影响力的22人之一。他在2004年说:"持续不断的努力和从错误中吸取教训的能力,造就了成功。虽然今天很艰难,明天会更艰难,然而后天是美丽的。但有太多的人在经历了明晚的艰难时刻后就放弃了。因此,永远不要在今天放弃!"

﹡ 完善你的产品 ﹡

好的设计,就是好的生意。

—— IBM 总裁,小托马斯·沃森(Thomas Watson Jr.)

宾夕法尼亚大学演讲(1973 年)

精英运动员经常谈论成功与失败之间的细微差距，以及优秀与最优秀之间的几个百分点。这是奥运会冠军和失败者之间的区别，是世界杯足球运动员和永远坐在替补席上的球员之间的区别。在企业家的世界里也是如此，那里的竞争也十分激烈，人们总是对"更好"报以持续的追求。

在这种情况下，至关重要的是，企业家必须确保他们向市场提供的东西——无论是商品还是服务都是最好的。顾客会连续多年光顾一家喜欢的餐厅，但只要吃过一顿糟糕的饭菜，他们就再也不会光顾这家餐厅。所以企业不仅要制定最高的标准，而且要保持最高的标准。

可以说，没有人比苹果公司的史蒂夫·乔布斯更了解这一点。

在苹果他培养了一种文化，将尖端技术与艺术家的审美感融合在一起。

通过将科学、功能和美学无缝地融合在一起，苹果成为世界上最伟大的公司之一。也许正是乔布斯对后者的把握，才真正让他和他的产品与众不同。其他公司可以在技术创新和易用性方面与苹果竞争，但苹果在iPod、iPad和iPhone等产品上所采用的灵巧设计，没有哪家公司能与之匹敌。正是在对完美设计的要求中，乔布斯发现了那些微小的利润，从而使他的公司跻身世界翘楚的地位。用他自己的话来说："设计不只是外观和给人的感觉。设计是灵魂和本质。"在他的指导下，苹果的设计通常都非常出色。

回顾历史，我们会发现很多乔布斯的精神祖先，他们都意识到了商业主导地位依赖于产品的完善。以乔赛亚·韦奇伍德（Josiah Wedgwood）的事迹为例，他在18世纪建立了一个销售瓷器的商业帝国，这种瓷器的质量迄今为止都被认为是西方制造商无法媲美的。"我想震撼世界。"他曾这样说过。

韦奇伍德生活在英国，当时工业革命正在改变社会面貌。人口越来越城市化，中产阶级迅速扩大。结果，对高档瓷器的需求随之激增，而在此之前，高档瓷器是富裕的上层阶级的专利，他们只购买来自中国的昂贵瓷器。与此同时，其余的人倾向于使用国内工厂生产的基础型低廉瓷器。

不过，韦奇伍德看到了商机：如果他能以某种方式利用最新的技术创新来生产与中国进口瓷器质量相媲美的瓷器，他就能以更低的价格将这些瓷器卖给新兴的中产阶级。韦奇伍德是一位才华横溢的自学成才者，他渴望努力工作。他自学了全新的制瓷方法，选用了质量最好的黏土，发明了新的釉料，并努力设计出能够抓住集体想象力的设计，直到今天仍然非常受欢迎。不久之后，他的粉丝中不仅有雄心勃勃的中产阶级，还有皇室成员。乔治三世（George III）的妻子夏洛特女王（Queen Charlotte）向他委托制作了一套茶具，而俄罗斯的凯瑟琳二世（Catherine II）则受益于一套特别设计的晚餐餐具——全套共计 952 件。韦奇伍德的这句话引用于埃尔伯特·哈伯德 1923 年的《废书》（*Scrap Book*），体现了他对完美主义的热情，以及他相信卓越品质是商业必需品的信念：

美丽的形状和结构不是偶然形成的，也不可能以低廉的成本、随便用任何材料制成。追求廉价而非做工精良的合成物，是导致艺术和制造商迅速衰败和彻底毁灭的最常见原因，也是最根本的原因。

他对自己的商品质量如此有信心，以至于他被认为是第一个承诺"保证满意,否则退款"的重要商业人物。

乔布斯的做法与韦奇伍德追求卓越品质的原则相呼应。乔布斯的天赋之一就是能够发现那些可以按照他的严格要求进行工作的人。虽然他没有亲手制作苹果的任何产品,但他组建了自己的团队。英国设计师乔纳森·艾夫斯(Jonathan Ives)就是团队成员之一。2011 年,在乔布斯的葬礼上,艾夫斯谈到了他的前老板对完美的追求。艾夫斯回忆说,乔布斯会在头脑风暴会议上发表各种各样的想法;一些是"愚蠢的",甚至是"非常可怕的",另一些则是"令人耳目一新的",是"大胆的、疯狂的、宏伟的想法,或者是安静的、简单的想法,它们的微妙之处和细节,却又极其深刻"。

艾夫斯作为 iMac 的首席设计师,在苹果公司一举成名。iMac 以其感性的三角形外形和透明的外壳,改变了人们对个人电脑的看法。他是苹果产品设计团队中不可或缺的一员,几年后,他为 iPod 作出了标志性的设计。和乔布斯一样,艾夫斯认为设计不应该是为了面对用户,而应该是简约又整洁的优雅。iPod 融合了新技术(在一台小机器中存储大量歌曲的能力,以及搜索和选择个人歌曲的分级菜单系统)、一个优雅的菜单搜索新工具(革命性的、位于设备正面的点击轮)和一系列风格创新(从比一盒卡片还要薄的尺寸到单色饰面,到一些细节设计,比如将序列号蚀刻到 iPod 上，而不必使用难看的贴纸）。

　　这是乔布斯生产线上的又一款经典设计。人们认为，苹果一直是迸发灵感的天才，乔布斯带领他的团队（有时是毫不留情地）不断追求将一款产品从优秀提升到经典。艾夫斯描述了设计师、工程师和制造商之间艰苦的协商和谈判过程，这意味着每一个产品都在不断地得到修改、改进并最终完善。

　　"飞人"尤塞恩·博尔特（Usain Bolt）赢得的所有奥运金牌，都是因为他在练习跑道上进行了长时间的艰苦训练，即使在他休息的日子里也是如此。同样，莱昂内尔·梅西（Lionel Messi）踢起球来球就像粘在他脚上一样，因为在他接近诺坎普体育场之前，他花了数不清的时间磨炼自己的技术。同样，iMac、iPod 和其他所有苹果产品的魔力，都是艰难和痛苦的嫁接成果，就像韦奇伍德几个世纪前取得的成就一样。所有成为竞争对手判断标准的高端产品，比如设计经典的比克（BIC）圆珠笔、李维斯（Levi Strauss's）牛仔裤或吸引了一代又一代人的乐高（Lego）积木，都是辛勤工作和不断创新的创造者的结晶。成为一名企业家并不是把自己累得筋疲力尽。但是，真正成功的企业家是那些让自己更加努力的人，他们会确保自己为客户提供了他们希望得到的最好的商品。

* 客 户 就 是 国 王 *

我确保我把大部分时间花费在外面,与人交谈,问问题,做笔记,并通过客户的眼睛体验我的业务

——理查德·布兰森

《别管他,行动吧:人生的经验》
(*Screw It, Let's Do It: Lessons in Life*,2006年版)

经营企业的日常压力，有时会让你忘记自己为什么要为客户提供他们想要的产品或服务。特别是当你不是一个面向客户的角色时，你就很容易忽视最终为你买单的人。但企业家对客户漠不关心是有风险的。当你的客户不再是你思想前沿和中心的时候，你的商业崩溃之旅就开始了。正如沃尔玛创始人山姆·沃尔顿（Sam Walton）曾经指出的那样："老板只有一个——客户。他可以解雇公司里从董事长开始的所有人，只需要把钱花在别的地方。"

因此，了解客户及其需求和行为，本身就是一项价值数十亿美元的业务。尽管如此价值连城，但是你还是有可能获得重要的客户信息的，而且不用花一大笔钱让别人替你做。正如布兰森在前一页所说的，最好的方法是直接与在你这里消费的人交谈：他们想从你这里得到什么？你在什么方面做得很好？有哪些可以提升的吗？记住，即使你认为他们的需求是不公平的或不合理的，但客户永远是对的——不要想着怎样去反驳他们，因为这会是确保他们不再为你的公司掏钱的最快方法！相反，要倾听他们，让他们觉得他们的意见真的很重要。2016年，理查德·布兰森在接受《福布斯》采访时表示："一次抱怨有可能让顾客变成一生的朋友。我说这话是认真的，不是什么新闻发布会上的胡扯。"

与员工交谈也是了解顾客真实想法的好方法。比如，在车间工作的人（或类似的人）对消费者真实想法的看法，比你作为老板在谈话中得到的看法更坦率。你也可以考虑使用反馈表格，查看原始业务数据。你的哪些业务在蓬勃发展，哪些在苦苦挣扎？问问自己为什么会这样。你的客户是什么样子的？他们的动机是什么？他们都是某种类型的人吗？为什么？你的业务如何进行适应，以吸引更广泛的客户群？

历史上有很多公司忘记把客户放在第一位，尤其是当客户的需求不断变化的时候。以柯达（Kodak）为例，该公司自1888年成立以来，一直是摄影行业的巨头之一。2012年，该公司被迫在美国申请破产，原因是它未能及时意识到客户正在逐渐远离传统胶片摄影并自信地迈入数字摄影时代。再来比较一下柯达的命运和节拍电子（Beats Electronics）的成功。2006 年，成功的音乐制作人德瑞博士（Dr. Dre）和吉米·艾奥文（Jimmy Iovine）共同创立了节拍电子公司，当时耳机市场被苹果公司青睐的那种低调耳塞所主导。但是德瑞和艾奥文注意到，许多顾客对这种产品并不满意。当时，大量的金钱、精力和技术专长都被投入到音乐制作中，许多音乐爱好者想知道，为什么他们不能通过充分利用这些高端的设备来听音乐。德瑞和艾奥文听取了他们的意见，并确信这是一个巨大的市场，他们愿意花高价购买比当时市场上的主流产品价格贵得多的耳机。他们是对的——在 2014 年，苹果公司也听取了客户的意见，以超过 30 亿美元的价格收购了这个品牌。

再往前追溯，没有一个成功的企业家不把客户放在第一位。例如，在 20 世纪初，C. J. 沃克夫人（C. J. Walker）通过提供护发系列产品和化妆品赚了一大笔钱，它们是专门为大量非裔美国人此前从未得到满足的需求而设计的。她听取了那些顾客的意见，并得到了回报。

也许现代顾客忠诚度的最伟大培养者，是史蒂夫·乔布斯。他明白他的客户想要圆滑、美观和实用的产品。但更重要的是，他把他的客户变成了一个社区，把所有客户团结在一个共同的信念中，那就是他们每个人都是具有创造力的自由思想者，就像乔布斯一样。你要么是"苹果人"，要么不是。但乔布斯并不满足于仅仅与客户对话，或依靠市场调查来推动公司的发展。他认为，苹果应该努力拥有与客户相似的心理空间。按照逻辑，如果苹果的设计师和技术奇才能像他们的客户那样思考，那么，他们就更有可能设计出客户想要的产品。用他自己的话来说："这不意味着愚弄人，也不是让人们相信，他们想要原本并不需要的东西。我们知道我们想要什么。而且，我认为我们非常擅长用正确的准则去思考其他人是否也想要它。这就是我们的工作。"杰夫·贝索斯也认同这种态度，他指出："最好的客户服务，是客户不需要打电话给你，也不需要跟你说话。商品本身就能发挥作用。

"但是，不管采用什么方法，每个企业家都需要知道，谁将从他们那里购买商品或服务，他们想要什么、为什么想要，以及他们愿意支付多少钱。通过了解客户的期望，就有可能进一步超越他们。只有这样，客户才有足够的理由从你那里购买，而不是从你的竞争对手那里购买。"

更快的马

有一个虚构的故事：亨利·福特曾被问及他在汽车行业的创新，他回答道："如果我问人们想要什么，他们会说想要更快的马。"他在暗示，如果把这一切交给客户，他永远也不会开发出改变世界的汽车。不管他是否真的这么说过，其他伟大的、有远见的企业家，都认同这样的观点：倾听客户的意见不应该成为创新的障碍。正如我们所见，史蒂夫·乔布斯接受"客户为王"，但不接受产品开发的指导。他曾说，你不能只问顾客想要什么，然后想办法给他们做什么。等到你作出来的时候，他们已经有新想法了。宝丽来（Polaroid）主管艾德文·兰德（Edwin Land）早在1945年就提出了类似的观点："通常，探索商品是否值得制造的最好办法，是制造出商品，并销售出去，然后再去观察：当产品已经上市几年之后，是否值得制造已经毫无意义，行动是最重要的。"

* 拥抱竞争对手 *

当一匹马快被其他马追上或超过时,它才会全速奔跑。

——奥维德(Ovid),古罗马诗人

公元前 43 年 — 公元 17 年

担任通用电气（General Electric）掌门20余年的杰克·韦尔奇（Jack Welch）过去常说，在竞争一事上，你应该以"要么买下它们，要么埋葬它们"为目标。这是一句有力的话，它无疑会受到企业家的欢迎。哪个有抱负的大亨不希望看到他的死对头被镇压，或者至少被他控制，为其市场扫清道路？商业历史上充满了激烈的竞争，各个行业的巨头们为争夺各自的份额而你争我夺——想想可口可乐和百事可乐、麦当劳和汉堡王、VHS和Betamax（两种磁带格式）、苹果和微软。但韦尔奇的哲学真的是前进的方向吗？

正如奥维德所言，最好不要将竞争视为你成功的障碍，而应视为推动你前进的动力。欢迎竞争，研究竞争，看清对手的优势和劣势，然后用这种智慧来指导你自己的事业。从竞争中吸取教训，这样你就可能比他们做得更好。毕竟，竞争是企业家所处的开放性市场的基本原则，它鼓励创新，保持低价并阻止垄断操纵市场。换句话说，竞争让企业家保持诚实、敏捷和警觉。正如壳牌战略规划集团（Shell's Strategic Planning Group）负责人阿里·德·盖斯（Arie de Geus）1988年对《哈佛商业评论》（*Harvard Business Review*）所说："比竞争对手更快地学习的能力，是唯一可持续的竞争优势。"

诀窍在于快速学习，同时不要把注意力全部集中在对手身上。调整业务和考虑竞争对手是一回事，采用韦尔奇的"寻找并摧毁"方法则完全是另一回事。IBM首席执行官罗睿兰（Ginni Rometty）曾在2014年的《财富》杂志上对这种陷阱发出过警告，她说："我认为关键是永远不要用竞争对手来定义自己。你根据客户的需求或你认为他们未来需要什么来定义自己。所以，以客户而不是竞争对手来定义你自己。"

亨利·福特也曾担心，过于关注别人在做什么会让你失去对自己正在做什么的关注。1923年，他在《福特新闻》（*Ford News*）上写道："如果竞争的动机只是竞争，只是把其他人赶出去，那么竞争永远不会走得很远。你应该害怕的竞争对手，是那些从不为你操心，而一直致力于把自己的生意做得更好的人。"当然，从不操心是一个太过遥远的阶段，但肯定有一个愉快的折中办法。或许零售业巨头哈里·戈登·塞尔弗里奇（Harry Gordon Selfridge）在《福布斯语录》（*Forbes Book of Quotations*）2016年的一篇文章中说得没错：

每当我会出现问题，我会让业务自行运转一段时间。我会想象出自己的竞争对手坐在和自己针锋相对的位置上，用最邪恶又干脆的手段再三筹划如何打败我。然后我会问自己，我能做些什么来为应对他的下一个行动做好准备。

换句话说，研究你的竞争对手，以产生自我警觉和自我提高。

杰夫·贝索斯在2011年的聪明购物峰会（Shop Smart Shopping Summit）上也提出了类似的方法，他说："避免自满的一个方法是始终保持初学者的心态。要有这样的思维模式：在这个扑克游戏中，你是天真的那个人，这里有一些你不认识的人，他们为客户做的工作比你做得更好。"他还实践了自己长期以来的观点，即从竞争中学习是件好事，但在公共场合谈论它们是愚蠢的。

尽管缺乏竞争在理论上听起来很吸引人，但对企业家来说，这通常是一个不好的信号。要理解其中的原因，请考虑在你的领域中缺乏竞争对手的三个最有可能的原因：

- 你领先于市场。可能你已经想出了一个商业点子来哺育这个市场，而这恰巧是一个前所未有的新市场。这是三种选择中最好的情况。这也是迄今为止最不可能的。作为进入全新市场第一人的机会几乎为零。如果你碰巧是第一个进入这个市场的，那么你所面对的市场一定还不够成熟，不足以支撑你的业务。

- 你的市场不存在。一旦被一个商业提议迷住了，人们很容易认为其他人也这么想。"为什么以前没有人想到这一点？"你完全可以这样问自己。那么，一个也很重要的问题需要我们去考虑：这是因为，实际上没有人想要我提供的商品吗？从无到有创造一个市场是可能的，但也是极其困难的，尤其是对一个孤独的企业家来说。没有市场通常意味着没有需求，所以可能的情况是，你的想法要从头开始。

- 你没有看到竞争。很自然地，你会认为自己的经营理念是独一无二的，你的生意是独一无二的，没有人能够抗拒你。但要小心这种自欺欺人的想法。比如，你的咖啡馆可能是独一无二的，你出售的咖啡是经过某种小型树栖哺乳动物消化道的咖啡豆发酵制造的。你的咖啡或许真的很美味。

你绝对相信，任何有自尊的咖啡鉴赏家，都会把你的地盘视为唯一可以享用咖啡和点心的地方。但对大多数消费者来说，你只是另一家咖啡店，一家饮料价格远远高于竞争对手的咖啡店。路边的速溶咖啡的售价是你所卖咖啡价格的五分之一，这是你没有看到的竞争。

竞争是创业的命脉。以快餐业巨头麦当劳和汉堡王之间已经存在了几十年的竞争为例。两者的存在都是因为它们的产品有巨大的市场，两者都出现在20世纪50年代中期，当时生活方式的改变意味着市场已经足够成熟，可以接受"快餐"的概念。起初，汉堡王看似要输了，因为它无法在价格上与对手竞争。但随后汉堡王采取了一种创新方法，决定以优惠的价格提供更大的"豪华"汉堡：皇堡（Whopper）诞生了。现在，轮到麦当劳应对挑战了，它开始针对皇堡研发新品，这又致使了巨无霸（Big Mac）的诞生。这场竞争便如此进行了下去，他们的竞争也导致了各自菜单的发展与演变，从而为消费者提供了更多的选择，进而推动各自公司的扩张。今天，市场提供了充足的空间和其他竞争对手，竞争也促进了创新（尤其是在引入健康食品的理念后，比起传统的汉堡和薯条，两家公司都持续推出了新的素食和替代品），并继续刺激消费者的需求，所以，前进的车轮继续转动着。

现代最伟大的商业竞争是比尔·盖茨的微软公司和史蒂夫·乔布斯的苹果公司之间的角斗。这场较量正式开始于1983年左右，当微软准备向世界发布Windows系统时，乔布斯指责他们掠夺了Mac的图形界面。据说，盖茨是这样回应的："我认为，它更像是我们俩人共有的富豪邻居施乐（Xerox），当我闯入它的房子试图盗取电视机时，发现它已经被你偷走了。"这两家公司花了数年时间，就各种纠纷进行诉讼，双方的竞争迅速升级为两家有名无实的公司之间旷日持久的唇枪舌剑。例如，乔布斯曾暗指盖茨："如果他年轻的时候喝过一次迷幻药或者去修行一次，他就会成为一个'更宽广'的人。"他还宣称："他们（微软）就是没有品位。我不是指狭义的方面。我的意思是在很大程度上，他们不思考原创的想法，他们不把太多的文化融入他们的产品里。"与此同时，盖茨显然很恼火，他评论道："如果你只是想说，'史蒂夫·乔布斯发明了全世界，然后我们其他人出现了'，那也无所谓。"

然而，当乔布斯1997年回到苹果时，微软通过投资1.5亿美元的股票，帮助苹果扭亏为盈。这两家公司的命运交织在一起的程度，远比两人愿意承认的要紧密得多。多年来，两家公司都在推动对方的创新极限。2007年，两位负责人在《华尔街日报》的D数字大会（D: All Things Digital）上同台亮相，那时，许多以往的尖刻言论已经消散。2011年，当乔布斯即将走到生命的尽头时，盖茨拜访了他，他们花了很多时间追忆往事。两家公司之间的竞争，尽管经常是打得不可开交，却推动了一段非凡的技术进步时期，为崭新的全球市场打下了基础。如今，这两家公司都是世界上最有价值的公司之一，除此以外，很难想出更鲜明的案例来说明竞争的好处——不仅是对消费者，也是对竞争者双方。正如盖茨在2008年所说："无论是谷歌、苹果还是自由软件，我们都有一些出色的竞争对手，这让我们时刻保持警惕。"

一个令人震惊的事件

在 19 世纪 80 年代和 90 年代，托马斯·爱迪生和乔治·威斯汀豪斯（George Westinghouse）是 19 世纪最大、最广为人知的商业竞争对手。他们为控制电力供应而斗争，每个人都有一个用于竞争的电流系统——直流电（DC）和交流电（AC）。他们的比赛被称为"电流之战"。双方的竞争手段常常是肮脏的，尤其是当纽约州决定采用电椅作为处决罪犯的手段时。爱迪生花钱请椅子的发明者使用威斯汀豪斯（后称西屋电气）的交流发电机。因此，他试图在公众心目中建立起一种联系，把他对手的电流和它的致命应用联系起来。事实上，他甚至试图让"威斯汀豪斯"这个词流行起来，用来形容触电的人！

＊ 把握时机 ＊

机遇就像日出，如果你等得太久，你会错过它。

——威廉·亚瑟·沃德（William Arthur Ward）

《火舌》（*Fire-tongue*，1921年版）

在电影《死亡诗社》（*Dead Poet's Society*）中，罗宾·威廉姆斯（Robin Williams）饰演约翰·基廷（John Keating），他是佛蒙特州一所精英寄宿学校的英语老师。他鼓励学生们追随自己的梦想，并敦促他们："及时行乐，抓住每一天，孩子们。让你们的生活与众不同。"对于十几岁的男孩来说是如此，对于企业家来说也是如此。每一个成功的企业，都可以追溯到抓住机遇的那一刻；许多失败的公司，都有一个错失机会的悲惨故事。

失去机会的一个主要潜在原因是一种常被描述为"冒名顶替综合征"的现象——一个人无法相信自己的才能和努力值得成功。很多企业家都认同这种想法。"我还没准备好，"他们想，"我需要知道更多/做更多/证明更多。如果在我毫无准备的时候，抓住了机会,它注定会失败。然后呢?"

当然,在机会来敲门之前,我们有很多事要做(参见"完善你的产品"一章)。但过度准备也有危险。创业的艺术在本质上充满了风险。尽量减少风险,但请不要陷入"我可以防范所有危险"的想法之中。让自己进入一个可以带着一定程度的信心进入市场的阶段,但如果你一直等待自己的企业彻底完善好,市场的缺口可能就此消失。

而且,机会有时会在我们最不经意的时候降临。像雷·克罗克(Ray Kroc,他的故事在"向上扩展"一章有更全面的叙述)这样的人,在抓住意外的机会时已经步入中年,身体状况也不太好,陷入了旅行推销员的死路。当他意识到自己足够有远见,想要接管麦当劳兄弟在当地的汉堡吧业务并把它扩张成更大的商业时,他就勇敢而成功地把一次例行的销售电话变成了改变人生的时刻。曾经有一段时间,当他似乎要在退休前结束自己平凡的职业生涯时,他发现命运已变成一条直线,于是,他急切地抓住了机会。

一个机会的不期而遇不应成为不利因素。机会鲜少会在很早以前就发出信号。如果你有一家防晒霜店,你的商业计划是在夏天一到就开店。但如果早春出现了意想不到的热浪,只有傻瓜(或长期准备不足的人）才会让机会溜走。当然，你没有准备好企业的所有方面，因为你希望多留几周时间。但如果你能把产品推向市场且多吸收一些客户，你就应该抓住这个机会。此外，如果你确实觉得准备不足，你可以用理查德·布兰森在维珍网站（virgin.com）上分享的想法来安慰自己："如果有人给你一个绝佳的机会，但你不确定自己能否做到，那么不妨先答应，然后再学习如何去做。"

这是他一直以来的信条。在他的童年，他赢得了"出动小子"的昵称，而在维珍网，他被称为 Yes 先生。当 23 岁的布兰森还是维珍唱片公司（Virgin Records）的老板时，他经历了一次"机会砸头"的时刻。当时，他对自己签下的大牌歌星迈克·奥德菲尔德（Mike Oldfield）进军美国市场缺乏进展感到担忧。他把奥德菲尔德的《管钟》（*Tubular Bells*）专辑送给大西洋唱片公司的负责人去听，非常凑巧的是，那天在办公室听到专辑的人还有威廉·弗莱德金（William Friedkin），他正在寻找合适的音乐为自己的新电影《驱魔人》（*The Exorcist*）配乐。弗莱德金很喜欢《管钟》，于是提供了机会。不出所料，布兰森回应了："Yes！"《驱魔人》是十年来最轰动的电影之一，音乐是营造电影氛围的关键元素，奥德菲尔德借此走上了全球超级巨星的道路，而布兰森和维珍网则享受着他的唱片销售带来的巨大利益。

早在 2012 年，脸书首席运营官谢丽尔·桑德伯格（Sheryl Sandberg）就与哈佛商学院的毕业生分享了她抓住机遇的哲学。她敦促他们说："如果你在火箭上得到了一个座位，不要问是哪个座位！直接坐上去！"她在 2013 年出版的《向前一步：女性、工作和领导意志》（Lean in: Women, Work, and the Will to Lead）一书中进一步阐述了这个话题："当你在寻找下一个大事业时，通常没有完美的选择。你必须抓住机会，创造适合你的机会，而不是反过来。"她特别针对女性听众指出："女性需要从'我还没准备好做那件事'的想法转变为'我想做那件事——我要通过做这件事来学习'。"《赫芬顿邮报》（Huffington Post）创始人阿里安娜·赫芬顿（Arianna Huffington）同样鼓励人们勇敢地面对机遇带来的挑战。2019 年，她在推特上写道："无畏就像肌肉。我从自己的生活中获知，我越练习，就越能自然地不让恐惧左右我。"

泰德·威廉姆斯（Ted Williams）是棒球界的传奇人物，波士顿红袜队（Boston Red Sox）的击球手，被公认为棒球界最伟大的球员之一。1971 年，他出版了一本名为《击球的科学》（The Science of Hitting）的书，书中描述了对击球手来说，最重要的事情是等待来临的投球。对于创业者来说，这是一条不错的普遍原则：不要着急，不论第一个机会有多好，都要明智的挥棒。

但在棒球中有一条规则——三振出局。因此，击球手总是有另一个机会在拐角处击球。企业家可就没那么幸运了。沃伦·巴菲特2009年在不列颠哥伦比亚大学（British Columbia University）对听众说："不要因为你认为明天会发现更有吸引力的东西，而放弃现在有吸引力的东西。"

正如大多数企业家所证明的那样，"完美的机会"是一个神话，所以要抓住那个仅有希望的机会，并竭尽全力去把握它。那时，你就可以发挥你在幕后已经付出的努力，希望你的事业能证明赛车界传奇人物博比·昂瑟（Bobby Unser）的话："成功是准备和机会相遇的地方。"

柠檬水

如果生活给了你柠檬，你会怎么做？做柠檬水吧！老话是这么说的。那么，如果你是一个珠宝商，而钻石矿一直在出产颜色不佳的宝石，你该怎么办？好吧，如果你是一家历史可以追溯到 15 世纪的勒维（Le Vian）公司，你就垄断了一个新的市场。2000 年，该公司注册了"巧克力钻石"（Chocolate Diamond）商标，并开始生产一系列以棕色钻石为特色的珠宝，这种钻石传统上只用于工业用途。尽管一开始有些人怀疑钻石应该是完美无瑕的，但这个市场范围还是扩大了。勒维抓住了时机，创造了一种全新的珠宝分类。

＊ 如果一开始你没有成功…… ＊

在我成功之前，我做了5127个真空吸尘器的原型机，其中5126个是失败的。但我从每一次失败中都学到了东西。最终，我想出了解决办法。

——詹姆斯·戴森（James Dyson）

《快公司》（2007年）

在我们这个快速发展的世界里，似乎有一种倾向，许多人开始崇拜那些看似来得很快且毫不费力的成功。"更新、更年轻、更好"似乎是每个人都想听到的故事。但这种想法对有抱负的企业家来说是非常有害的。成功可能转瞬即逝，来得快去得也快。真正伟大的企业家，是那些做长远打算的人。当然，也有一些人在他们第一个伟大想法上就足够幸运地取得了成功。但对大多数人来说，通往成功的道路需要更长的时间，而在这一过程中积累的经验，对于确保他们能长期保持顶尖的地位至关重要。

世界上一些伟大的企业家在抵达顶峰之前都经历过很多低谷。戴森电器（Dyson Appliances）的创始人、发明家、设计师、亿万富翁詹姆斯·戴森就是那些"一夜成名"、实际上花了数年才取得成功的典型例子。在20世纪70年代末，他想到了一种新型的真空吸尘器，这种吸尘器采用了新的旋风真空技术，以避免市面上所有现有吸尘器都会遇到的堵塞，这样就不需要昂贵的更换袋了。这是一个伟大的想法，但似乎没有人感兴趣，尤其是因为制造商迫使消费者每隔几周就要为他们的真空吸尘器购买新袋子，这可以赚很多钱。

从1979年到1984年的5年里，戴森为他的机器开发了5127个原型设计，每一个都比上一个好一点。最终，在1985年，一家日本公司批准了这种新型清洁机器的使用，这在当地引起了轰动。6年后，戴森终于能够以自己公司的名义开始生产这种吸尘器。他再也没有回头，但他也从未忘记所有的低谷是如何定义了他和他的公司。随后，其他一些热门创新产品相继问世，包括革命性的吹风机，它使用一层薄薄的流动空气去除水分，而不是通过加热蒸发水分，以及采用尖端技术的卷发器。他继续在研发上投资数十亿美元，深知实现跨越式发展需要有勇气和雄心去犯一些错误。

2007年，他对《快公司》杂志说：

我不介意失败。我一直认为，应该根据学生失败的次数来给他们打分。尝试奇怪的事情、经历过很多次失败的孩子，更有创造力。我们被教导要以正确的方式做事，但如果你想发现别人没有的东西，你就需要用错误的方式去做，做一些非常愚蠢、不可思议、淘气甚至危险的事情。哪怕结果是失败的，你只要观察失败的原因，就能走上一条完全不同的道路。实际上，这是令人兴奋的。

戴森并不是唯一一个在通往成功的道路上不断经历失败的人。事实上，在几个引人注目的例子中，成功是因失败的结果而产生的。以气泡包装为例。1960年，名叫马克·查凡内斯（Marc Chavannes）和阿尔·菲尔丁（Al Fielding）的两位工程师，试图设计一种新型的、有纹理的墙纸。但即使20世纪60年代的时尚变得更加狂野和迷幻，也没有人热衷于用它来装饰自己的家。因此，有一段时间，他们试图把这种墙纸作为一种新型的房屋隔热材料来销售。这也没有奏效，然后某个聪明的家伙决定在运输最新的IBM计算机时使用气泡包装来保护它。很快，气泡包装成为数百万需要将珍贵物品从一个地方运送到另一个地方的企业和个人的最佳选择。

泡沫包装在最初设计的用途上失败了，但这一失败却引发了别的领域超出查凡内斯和菲尔丁想象的巨大商业成功。

能够救人命的心脏起搏器，是另一个因失败而偶然诞生的发明。在这个例子中，威尔逊·格雷巴赫（Wilson Greatbach）不小心将一个大小不正确的电阻放入了心律记录仪的电路中。还有WD—40，这家制造多用保养剂等产品的公司是无数家庭问题的答案提供者。它之所以被赋予"40"这个名字，是因为其产品发明者在打出他们的商业本垒打之前，已经研究了 39 个不成功的配方。就连伟大的史蒂夫·乔布斯也有过不幸的经历。1985 年，由于"丽萨"（Lisa）和"麦金塔"（Macintosh）两款机型最初在商业应用上并不那么成功，他被迫离开了苹果。12 年后，他回到苹果公司，监督了一系列产品（iPad、iPod 和 iPhone）的开发，这些产品改变了科技的面貌，并确立了苹果作为地球上最庞大公司之一的地位。

对于崭露头角的企业家来说，这堂课的教训很简单：成功很少会来得很快。通常情况下，它会更出乎意料地到来，或者在你感到自己已经接近道路尽头时出现。但是，不要因为最初的失败而却步。坚持下去，以正确的方式工作，从失败和失误中学习，每次尝试的结果就不是失败，更像是你未来成功的原型。正如工业天才托马斯·爱迪生所说："我没有失败。我只是发现了 1 万种行不通的方法。"

* 不要害怕风险管理 *

船舶停在港口里固然是安全的,但那不是造船的目的。

—— 威廉·G. T. 谢德(William G. T. Shedd)

19 世纪美国神学家

经商本身就是有风险的。企业家投入时间、精力和金钱，而这却不能保证他们一定会得到回报。因此，每个企业家都是冒险家。不用说，他们的想法是在能力范围内尽一切努力减少失败的风险，但这种风险是永远不能彻底排除的。你已经为确保企业成功做好了所有基础工作，但企业还是由于一些不可预见的情况出了问题。一场自然灾害、一场严重的疾病、一项法规的变化或一项新技术的出现，或者是别的什么东西，导致你的企业倒闭。

风险是不可避免的，关键在于控制它。有时，初出茅庐的创业者会把这条建议解读为尽其所能地避免犯错。但企业要想成长和繁荣，更明智的做法是让自己承担合理、可控的风险。成功也许不能得到保证，但它是否有到来的可能呢？同样重要的是，如果没能成功，你能经受住赌博的后果吗？如果后一个问题的答案是肯定的，那么，最老谋深算的企业家会认为，他们最好的做法是承担风险，怀有获得回报的理性希望。2014年，优兔（YouTube）网站的首席执行官苏珊·沃西基（Susan Wojcicki）在约翰·霍普金斯大学（Johns Hopkins University）的毕业典礼上发表演讲时曾这样说道：

生活并不总是在最完美的时刻呈现给你最完美的机会，机会总是在你最不经意的时候或者你还没有准备好的时候出现。机会很少以完美的方式呈现在你面前，它不会装在一个有黄色蝴蝶结的漂亮小盒子里。机会，尤其是好的机会通常是混乱的、令人困惑的、很难识别的，它们是有风险的，会挑战你。

微软早期的一段经历很好地证明了对崭露头角的企业家来说，有管理的冒险能够带来回报。1975年，该公司的联合创始人保罗·艾伦（Paul Allen）和比尔·盖茨一起读到一篇文章，说牵牛星8800（Altair 8800）即将上市，这是一家位于新墨西哥州名为MITS（微型仪器和遥感系统）的公司开发的微型计算机。这是一个非常基础的设备，但艾伦建议盖茨一起为它编写一种语言。于是，微软（当时被称为Micro-soft）诞生了。

盖茨只带着一个公司的名字，怀着一种不愿错过他和艾伦预想中即将到来的软件革命的强烈愿望，找到了 MITS 的创始人埃德·罗伯茨（Ed Roberts）。在进入 IT 行业时，盖茨大胆地宣称，他的公司已经开发出一种注释器，可以让 8800 运行用 BASIC 编写的程序。BASIC 是一种初学者通用符号指令代码（Beginner's All-purpose Symbolic Instruction Code，即 BASIC），一种自 20 世纪 60 年代中期开始流行的计算机语言。这将极大地增加这台机器的潜在用途，罗伯茨的兴趣也随之激起。他告诉盖茨，6 周后到新墨西哥州阿尔伯克基的办公室来演示注释器。

盖茨就此在这个行业获得了第一个立足点，但有一个问题：微软实际上没有注释器，也没有 8800，更没有买注释器的钱。盖茨冒了很大的风险，承诺了他还没有做到的事情。如果他搞不出埃德要的注释器，他的新公司就会成为笑柄，甚至在他们开始之前就丧失了所有的信誉和善意。但盖茨认为，这是一个值得冒的风险，并相信他和艾伦会找到一个实现目标的方法。他获得了进入哈佛大学艾肯计算机中心（Aiken Computer Center）大型计算机的权限，并利用从一篇杂志文章中获得的信息，模拟了一台 8800 型计算机。在高强度的工作中，他们确实在规定的时间内创造了注释器。据詹姆斯·华莱士（James Wallace）和吉姆·埃里克森（Jim Erickson）在 1992 年出版的《硬盘》（Hard Drive）一书中描述，盖茨在谈到这个项目时说："这是我写过的最酷的程序。"

随着事情的发展,艾伦去参加了会议并演示了注释器,在他去办公室的路上,还在一直在完善它的各个方面。MITS 对此印象深刻,买下了这个系统,推动微软(不久之后就去掉了连字符,成为 Microsoft)走向了统治全球计算机的道路。盖茨打了一盘危险的牌,但他认为胜算足够大。他是对的。哈佛商学院教授霍华德·史蒂文森(Howard Stevenson)写过一篇关于企业家的文章,这些企业家与盖茨一样,甚至在拥有必要资源之前就开始寻求满足市场需求。事实上,他将企业家精神描述为"在所占资源之外追求机会"。

杰夫·贝索斯是另一位愿意在年轻时冒险的人。1994 年,刚毕业不久的他,已经为华尔街一家对冲基金公司的高级副总裁职位做好了准备。但后来他决定碰碰运气,辞去了工作,在自己的车库里创办了一家在线图书零售公司。剩下的事,正如人们所说,已被载入史册,今天的贝索斯是世界上最富有的人之一。他做了一个简单的推断:谨慎行事,不断预测担心会发生什么,或者放手一搏。

"对我来说,"他说,"我必须把预测推进到 80 岁以后。我不想在 80 岁的时候,还让自己的人生留下一堆遗憾。"

贝索斯仍然在风险管理体系下经营公司,不断引入创新,希望能扩大业务，但也做好了失败的准备。在 2016 年的贝索斯代码大会（Bezos Code Conference）上，他谈到了自己对许多企业（尤其是大型企业）"过早放弃"的失望。在同一年的名利场新企业峰会（Vanity Fair New Establishment Summit）上，他提出，企业应该灵活而稳健，以便"能够承受冲击"，并"快速创新和（制造）新事物"。他认为，做好承担此类风险的准备，是"抵御未来的最佳手段"。

所有的统计数据都表明，创业是一项高风险的事业。例如，美国人口普查局（US Census Bureau）的数据显示，在所有行业中，55% 的新企业在头 5 年内倒闭；在剩下的 45% 中，有 35% 的企业在未来 5 年倒闭。但是，如果每个人都认为这种可能性太吓人而放弃创业，世界将会变成什么样子呢？企业家必须有足够的勇气承担风险，并有足够的智慧将风险最小化。如果你想攀登珠穆朗玛峰，你肯定不会在某天早上起床后心血来潮，穿上登山靴，多穿几件衣服，然后抱着最好的希望出发。你需要事先做好艰苦的准备，学习技能，和那些已经攀登过的人交谈，确保你有一切所需的装备。然后，你要收听天气预报，等待出发的最佳时机。你仍然有无法到达峰顶的概率，但你已经控制了风险，有一个合理的、可能成功的机会。而且，正如马克·扎克伯格在 2011 年指出的那样："最大的风险是不承担任何风险……在一个瞬息万变的世界里，唯一会失败的策略就是不冒险。"

轮子的旋转

虽然优秀的企业家能够管理风险，但把业务建立在俄罗斯转盘、掷骰子或随机发牌的基础上通常不是一个好主意。然而，这正是联邦快递（FedEx）的创始人弗雷德·史密斯（Fred Smith）在发现自己只剩下最后几千美元时所做的决定。他带着5000美元飞往拉斯维加斯，那里是内华达州沙漠里的赌博圣地，他玩21点赢得了27000美元——足够维持公司运转足够长的时间以进行资本重组。虽然这是一种非正统的、也不明智的策略，但史密斯认为，如果不冒险，他将失去更多。他认为，如果没有足够的资金来支付运送包裹的飞机燃料费用，联邦快递无论如何都会完蛋。

* 知晓何时全身而退 *

退出并不是放弃,而是选择把注意力集中在更重要的事情上。

——奥赛伊·奥萨·埃莫克贝(Osayi Osar-Emokpae)

《不可能就是笨蛋》(*Impossible is Stupid*,2011 年版)

据《福布斯》报道，华特·迪士尼曾经说过："成功和失败的区别在于大多数时候不放弃。"正如前一章所示，坚持下去通常很有道理。然而，有时候最好和最负责任的决定却是放弃这个企业。考虑到约 90% 的初创企业都无法坚持到最后，这是大多数创业者都曾遇到过的困境，他们不应该为此感到羞愧。

在《不可能就是笨蛋》一书中，奥赛伊·埃莫克贝说道："放弃并不是失去信心，而是意识到有更多有价值的方式来利用时间。放弃不是找借口，而是学习如何变得更有成果、更有效率。"对于任何企业家来说，知道自己的企业何时错过了成功的时机，是一项很难掌握的基本技能。

当然，放弃一个你曾经认为前途光明且注定会成功的企业是很难的。但像鸵鸟一样把头埋在地里并假装一切最终都会好起来的决定，往往会带来更大的痛苦。因为你有错误的决心，或者你无法想出替代方案，而把自己绑在一家失败的企业上，都是愚蠢的。这样的企业不仅会耗尽你的经济资源，还会耗尽你的情感和智力储备。有时候最好承认失败，吸取教训，为下一个挑战做好准备。沃伦·巴菲特在其 1997 年出版的《巴菲特致股东的信》（*The Essays of Warren Buffett*）中对这个话题的看法让我们能够振作起来："如果你发现自己坐在一艘长期漏水的船上，换艘船可能比花精力修补漏洞更有成效。"

就连从未放弃发明革命性吸尘器想法的詹姆斯·戴森有时也不得不认输。2017 年，他宣布计划从 2020 年开始生产一种完全不同类型的电动汽车。自 2015 年以来，约有 400 名工程师一直在为这个价值 25 亿英镑的项目工作。但在 2019 年，戴森取消了这一计划。据英国《金融时报》报道，他给员工发电子邮件说："尽管我们在整个开发过程中都非常努力，但我们再也看不到让它商业化的方法了。"这无疑是一个打击，可如果他继续在这样一个没有经济回报的项目投入，会造成多大的损失呢？不过，可以肯定的是，戴森将利用这段经历来指导他其他的商业计划。

理查德·布兰森是另一位不得不咬紧牙关度过一生的人。20 世纪 90 年代，他被迫出售维珍唱片，以维持其他公司（尤其是维珍大西洋航空公司）的运营。维珍唱片曾为他的成功铺平了道路。布兰森自己承认，尽管出售这项业务让他收到了10亿英镑的商业支票，但他还是哭得泪流满面。他知道，如果他想让维珍集团的其余部分繁荣起来，他别无选择，只能出售维珍唱片。多年后，他在《维珍创业经》（*Like a Virgin*）一书中进一步阐述了自己的想法："所以，如果事情不顺利，不要犹豫，选择逃生通道吧。这样，当一切尘埃落定，你就可以召集自己的团队，讨论发生了什么或者没有发生什么，然后一起开始你的下一个冒险。你没衰老多少，但聪明多了。"

那么，为了决定是该坚持、改变还是放弃，企业家应该留意哪些迹象呢？如果你的企业正在努力站稳脚跟，请考虑以下几点：

- 你没有赚到大钱，但生意的方向对吗？缓慢前进的势头以后或许会加速，但如果你在后退，你能做些什么来扭转前进的方向呢？如果答案是"没什么可做的"，那么，决定放弃就是为你量身定做的。

- 你有市场吗？这个问题太基础了，以至于许多企业家都忘记了回答。有谁会为你的商品或服务掏腰包？你是否至少有一些热情的消费者，可以围绕他们建立一个更大的客户社区？

- 你具备击败对手的能力吗？你即便有更好的产品，但你有实力赢得市场吗?

- 你有现金流吗？负债并不一定是创业失败的标志，而是新企业不可避免的特征。但是，如果长期来看，你经常没有收入来支付你的支出，你的产业是行不通的。
- 你还心系创业项目吗？如果不是，是时候离开这个游猎场了。企业家应该做自己喜欢做的事（至少大多数时候是这样）。它不应该让你的生活比原来更不快乐。
- 如果你的公司属于别人，你能提供的客观意见是什么？

如果你的结论是企业正处于彻底的衰落中，或者不能获得你所希望的成功（"成功"的确切描述将不可避免地因人而异），那么，真的是时候去寻找逃生舱门了。与其支撑一家本应任由其倒闭的企业并在此过程中破产，不如失败后东山再起。

埃德塞尔是行不通的

商业历史上最著名的"该放手了"案例之一，是福特汽车公司于1958年发布的埃德塞尔（Edsel）车型。福特的高管们确信，埃德塞尔是未来的汽车，将确保他们在美国市场的一大块份额，就像几十年前T型车（Model T）所做的那样。但美国公众并不接受。消费者认为这款车定价过高、外形难看且普遍低于市场标准。福特在埃德塞尔的研发、生产和营销上花费了2.5亿至4亿美元，于1960年被迫将其撤出市场。福特或许有另一种选择，那就是把这款没有市场的车造出来，任由钱打水漂。

* 与优秀的人打交道 *

我成功的秘诀在于,我们竭尽全力聘用了世界上最优秀的人才。

—— 史蒂夫·乔布斯

在一次采访中对布伦特·施兰德（Brent Schlender）说道（1995年）

约翰·多恩（John Donne）有句名言："没有人是一座完全独立的孤岛，每个人都是陆地的一部分，彼此连接成一个整体。"企业家也是如此。偶尔，一个人有足够的精力来启动一个企业，但任何规模巨大的企业很快就需要一个团队协同工作。和对的人在一起，成功就是你的。如果招错了人，那么即使是最有前途的企业，其核心的火花也会很快熄灭。初创企业的早期招聘往往决定着成败，这种说法并不过分。

研究一下任何一位出众商业领袖提供的建议吧，你很快就能发现，他们会强调招聘的重要性。除了上述史蒂夫·乔布斯的引言，下面是其他几位重量级人物曾说过的话，他们在这一点上有着一种十分普遍的共识。

- 我们的核心一直是关注员工，确保他们有权作出决策……我一直相信，在我的公司里，照顾好员工，其他的事情自然会迎刃而解。

——理查德·布兰森，《当行善统治商业》（Screw Business as Usual）

- 我相信，我们所做的一切工作都不如招聘和发展员工更重要。说到底，你必须把赌注压在人身上，而不是压在策略上。

——拉里·博西迪（Larry Bossidy），通用电气公司高管，联合信号（Allied-Signal）公司首席执行官，在接受《哈佛商业评论》采访时说道（1995年）

- 建立一个好的团队，这是我花了许多时间去做的事。当我没开发产品时，就是在和团队一起开发产品。

——马克·扎克伯格在计算机历史博物馆（Computer History Museum）的谈话中说道（2010年）

- 首先，我们的关键一直是聘用非常聪明的人。

——比尔·盖茨在史密森尼学会（Smithsonian Institute）的一次采访中说道（1993年）

• 我宁愿为招聘到合适的人而面试 50 个人，也不愿招错人。

——杰夫·贝索斯在《快公司》2004 年的一篇简介中写道

乔布斯一直以严厉的监工和可怕的老板身份而闻名，这也说明了他对打造伟大团队有多么投入。他自己承认，他喜欢发掘人们的潜力，从他们身上榨取最好的东西。他寻找那些能在"压力不堪承受"时茁壮成长的人，在招募工作上投入了巨大的精力，尽管这个过程对他个人来说很苛刻，但他喜欢积极参与其中。苹果公司在 40 余年前开发 Mac 项目的传奇故事颇具启发意义。在 20 世纪 80 年代初，这个项目还很曲折，当时对苹果来说是次要的项目（位居现在不那么出名的"丽萨"项目之后）。杰夫·拉斯金（Jeff Raskin）领导着 Mac 团队，但乔布斯认为应该进行重组该团队。他考虑的变化之一，是聘用当时正在研发 Apple II 的安迪·赫茨菲尔德（Andy Hertzfeld）。于是乔布斯上午面试了赫茨菲尔德，下午就给了他这份新工作，赫茨菲尔德欣然接受并解释说，只要他把当前项目的一些收尾工作做完，他就可以开始了。乔布斯的回应是拔掉赫茨菲尔德 Apple II 的电源线，他所有未保存的工作成果都丢失了。赫茨菲尔德被调到了一张新办公桌上，立即开始了他在 Mac 电脑项目中的工作。乔布斯在使用人才方面表现出了他一贯的毫不妥协的态度，当然，这也帮助他找到了合适的人选。

华特·迪士尼是另一个相信整体成功依赖于每个个体力量的人。根据华特·迪士尼研究所的信息，迪士尼曾说过："你可以梦想、创造、设计和建造世界上最美妙的地方……但这需要许多人把梦想变成现实。"这是他从艰难的经历中学到的教训。在职业生涯的早期，他遭受过许多挫折。1922年，由于与一家发行公司的交易失败，他的笑声动画工作室（Laugh-O-Grams）倒闭了。他对此作出的回应，是和他的兄弟罗伊一起在好莱坞建立了迪士尼兄弟动画工作室（Disney Brothers Cartoon Studio），罗伊具有商业头脑和敏锐的眼光，而这正是华特当时所缺乏的。有了一个值得信赖的业务经理，华特就开始设法找到最好的创意人员来填满他的工作室。在最初的几年里，正是乌布·伊沃克斯（Ub Iwerks）帮助华特在动画世界风靡一时，他们两人在创作米老鼠等传奇动画形象时相互碰撞灵感。然后，从20世纪30年代到70年代，迪士尼工作室独自定义了我们对动画电影的期望，由一个精心挑选的小动画团队驱动，他们后来被称为迪士尼的九位老人——这些人可以使梦想成真。

和乔布斯一样，迪士尼也是一个很难与之共事的老板。1928年，正当米老鼠现象开始流行时，他敦促伊沃克斯："展示一些你以前的工作速度！拼命工作吧，孩子！这是我们大赚一笔的机会！你能行，我知道你能！别告诉我这不可能！这是必须要做到的！"最后，伊沃克斯受不了了，两人分道扬镳。但伊沃克斯仍然认可迪士尼在团队建设方面的卓越表现。在史蒂夫·沃茨(Steve Watts) 1997年出版的《魔法王国》(*The Magic Kingdom*)一书中，伊沃克斯回忆起迪士尼公司的初期："在早期，华特和他的手下非常亲近。他会在艺术家的办公室停留，和他们聊天或参观，询问他们的业余爱好，也许还会对他们的动画提出一些建议。手下们都很喜欢，也都会回应他。"毕竟，团队建设不仅是招聘，也是留住人才。一个好的企业家知道什么时候该让他们的员工努力工作，什么时候该减轻压力，以免达到崩溃的临界点。

那么，企业家应该从应聘者身上寻找什么闪光点，来决定是否让他们加入企业呢？经验当然是一笔巨大的财富，没有人想要一个从来没有敲过键盘或写过记事本的办公室经理。但在寻找有经验的应聘者时，要小心，不要聘用那些已经变得陈腐或不愿适应新环境的人，因为他们已经积累了太多经验。经验也不应该被认为是能够替代一个缺乏经验的候选人的潜力的东西。众所周知，只有当一个人第一次获得突破时，经验才会到来。因此，成功的团队通常既有年轻的热情和潜力，也有经验。

沃伦·巴菲特对招聘有自己的看法。他说："有人曾经说过，在招聘人时，你要看三个品质：正直、聪明和精力充沛。如果你缺少第一个,另外两个会杀了你。"诚信和找到一位契合企业文化的求职者,在许多商业领袖看来,与正式的资格证书或特定的经验同等重要,甚至更重要。无论员工多么有才华,如果他们不能真正融入组织,他们的贡献将是有限的。正如埃隆·马斯克在2013年的西南偏南大会(SXSW Conference[1])上指出的那样:"总的来说,我犯过的最大错误……就是过于看重一个人的才华,而忽视了他的个性。"与此同时,谷歌的联合创始人谢尔盖·布林曾在2008年向《财富》杂志的读者们发出警告,聘用一个只关注薪酬的人有多危险:

在这种情况中,你要确保你雇用某些员工是因为他们喜欢在这里工作,他们喜欢创造东西,他们来这里的主要目的不是为了钱。尽管当他们创造出有价值的东西时,你想要奖励他们。这样才会真正得到回报。

在2014年的《汽车画刊》(Auto Bild)中,马斯克雄辩地阐述了他的招聘哲学,简洁地总结了更加明智的招聘会给企业家带来好处:

---

[1] 全球三大创新大会之一,创办于20世纪80年代末,因举办地得克萨斯州位于美国西南偏南(South By Southwest,缩写为SXSW)而得名。——译者注

吸引和激励优秀人才的能力对公司的成功至关重要，因为公司是一群人聚集在一起创造产品或服务的地方。这就是公司的宗旨。人们有时会忘记这个基本事实。如果你能让优秀的人加入公司，为一个共同的目标而齐心协力，并对这个目标有不懈的追求，那么你最终会作出一款优秀的产品。如果你有一个好产品，很多人会为此付款，接着，公司就会成功。

比你的工作价值还高

面试是招聘过程中的一个标准组成部分,但也存在各种风险。或许我们能预料到的是,史蒂夫·乔布斯在挑选应聘者时,给他们带来了一场特殊的创伤。为了看看应聘者的反应速度有多快,他会问一些试探性的问题,比如:"你怎样才能在调查一项技术的同时,不让别人知道你在调查它?"还有一些问题更具哲学意味,比如:"你为什么在这里?"有一次,在一位面试者给出了他认为很没说服力的答案后,他打断了这位面试者,并咕哝道:"咯咯叫,咯咯叫。"当然,像这样的面试者不可能得到那份工作。

* 打造一个品牌 *

虽然有不少文章说,维珍品牌是世界上最强大的品牌之一,但我们的企业目标,是让它成为最值得信赖的品牌之一。

—— 理查德·布兰森

《维珍创业经》(*Like a Virgin*)

公司是企业家开展业务、经营生意的合法实体，但决定能否长期成功的是公司的品牌强度。2011 年，杰夫·贝索斯在爱迪生民族（Edison Nation）系列视频节目中说："公司的品牌就像人的声誉。名声来之不易，却很容易失去。"但如果人们喜欢这个人的个性，他们就能回来与其继续进行商业交易。正如星巴克首席执行官霍华德·舒尔茨（Howard Schultz）在 1998 年所言："如果人们相信他们与一家公司有共同的价值观，他们就会持之以恒地忠于这个品牌。"

当涉及消费者决策时，许多公司的策略是价格为王。当然，让自己家商品的价格脱离市场价并没有多少好处。然而，一次又一次的消费者研究表明，整体消费者满意度，是决定人们在哪里消费的最重要因素。给消费者看两盒洗衣粉，他们会选用自己知道效果好的那一盒，即使它稍微贵一点。品牌信任度也能解释这样的情况：当你第一次来到一个城市时，你会选择一家熟悉的快餐店，因为你希望能确切地知道自己会吃到什么，尽管你会思索当地是否有更令人兴奋的好餐厅，但关键是你不敢百分之百确定，是否会有美好的用餐体验。

品牌是你向世界传达你企业使命的重要机会。是什么让你的企业与众不同、出类拔萃、至关重要？为什么顾客一开始就要来找你并不断成为你的回头客呢？企业经常犯这样的错误：认为成功的品牌就是拥有一个令人难忘的名字和一个酷炫的标志。这些事情当然很重要，但它们实际上是一个更深层次过程的终点。"品牌"就是准确地解释你的公司及其产品或服务所代表的东西。你的企业文化是什么？你的长期目标是什么？它们是如何符合客户需求的？只有当你回答了这些问题，才可以开始思考如何更好地传达这些答案。

理查德·布兰森当然是现代最伟大的品牌创始人之一。20世纪60年代，十几岁的他创办了一本以学生为对象的杂志，开始了自己的商业生涯。在几年内，他扩展了自己的商业兴趣：首先是邮购唱片业务，然后是唱片公司。他将自己的企业命名为维珍（Virgin），主要是因为他认为自己和他那些羽翼未丰的员工实际上都是商界的雏鸟（virgin）。这是个老谋深算的做法，既能唤起天真、幽默之感，又带点急于成熟的情绪。

不到 10 年，唱片公司就签下了迈克·奥德菲尔德和滚石等大牌歌手与乐队。随后，布兰森进入了全新的商业领域，从航空公司、酒店，到广播电台、软饮料厂和太空旅游，无所不包。如今，他在数十个国家雇用了数万名员工。但维珍品牌一直保持不变。在他 2008 年出版的《商界裸奔》（Business Stripped Bare）一书中，他对自己品牌的通透认知是显而易见的，他说："维珍这个品牌，是一个保证你会心满意足、保证你会得到高质量产品、保证不会影响你的银行资产、保证你会得到超出预期乐趣的一次购物——不论你买到的是什么……没有任何品牌做到了如今维珍所打造的东西——成为一种'生活方式'。"

维珍品牌也是一个活生生的例子，展示了真正伟大的品牌是如何将一种不变的价值观与不断发展和适应变化的能力结合在一起。尽管维珍品牌已拥有近半个世纪的历史，但它仍设法保留了一种现代感和前卫感，与布兰森上文提到的价值观保持一致。另一个例子，便是麦当劳，其标志上著名的金拱门代表着可预测、可靠的消费者体验的承诺，尽管该公司正在不断调整，以应对适合 21 世纪用餐者的新挑战。曾为耐克和星巴克工作过的广告人、营销大师斯科特·贝德伯里（Scott Bedbury）指出（于伊德瑞斯·穆蒂 2013 年出版的《60 分钟品牌战略：营销专业人士必备品牌手册》中被引用）："一个伟大的品牌，是一个从未被完全讲述过的故事。品牌是一个隐喻性的故事，它与一些非常深刻的东西密切相关，是一种对神话的惺惺相惜。故事创造了人们需要的情感背景，让他们在庞大的体验中定位自己。"

当你清楚自己想要表达的身份和价值观时，就该考虑如何用一种令人难忘的方式来概括它们了。这是你可以冥思苦想的地方（可能在一些品牌专家的陪同下），想出一个名称和标志，让它们总结你的企业。你是想让企业的名字和视觉效果清晰准确地反映出你的实际产品（比如维萨或微软）？还是想要一些时尚而有抱负的感觉（比如耐克及其著名的小勾标志）？还是一些朴实而受人欢迎的招牌（比如肯德基那慈祥的桑德斯上校）？至于名字，总是值得再三检查它们是否容易发音（如果每个人的发音都不一样，维持一个品牌就更不容易了），以及它是否容易在国际上被广泛翻译和传播。劳斯莱斯（Rolls-Royce）曾因"银色薄雾"（Silver Mist[1]）车型的名字在进入德国后变成了脏话而被指指点点！

最后，将你的品牌推向世界，传播你的信息。有时候，企业

1　mist 在德语中有"垃圾""粪便"的意思。在后来，Silver Mist 因此被更名为 Silver Shadow，即如今大名鼎鼎的银影。——译者注

家本身会成为品牌的重要组成部分,就像布兰森和他的维珍商业帝国一样。几十年来,他巧妙地利用自己的名气支持维珍品牌。例如,他在 20 世纪 80 年代和 90 年代高调尝试打破各种热气球纪录,结果证明,这是一种极好的营销广告方式——这让人们相信:维珍和布兰森一样,并不是一个墨守成规、陈词滥调的品牌,它雄心勃勃,愿意冒险。布兰森在《商业裸奔》中写道:"一个好的公关故事要比整版广告有效得多,而且还便宜得多。"同样,想想美国说唱歌手 Jay-Z 和碧昂斯(Beyoncé)是如何利用自己的名气为他们的企业充当最强大的品牌大使。Jay-Z 甚至大叫道:"我不是一个商人,我即是商业,伙计!"

现代企业还必须学会使用许多可用的媒体平台,来推广他们的品牌。杂志封面、广告牌和广播广告仍有一席之地,但照片墙(Instagram)上的帖子和优兔视频也占据了半壁江山。由于社交媒体的易访问性(以及几乎可以即时发布的能力),企业家必须比以往任何时候都更要意识到,品牌塑造是一项持续的练习。一个粗鲁的员工或一句即兴的、不恰当的评论,都会瞬间对品牌造成不可挽回的损害。所以,一定要始终管控好你的品牌。2008 年 10 月 7 日,布兰森在他的"理查德博客"(Richard's Blog)上发表了一篇文章,再次阐明了这一点:"品牌总是有意义的。如果你不定义品牌的含义,竞争对手就会定义。苹果的广告将一台健康、快乐、富有创意的 Mac 电脑,与一台胖胖的、阴郁的、书呆子气的普通计算机进行对比,告诉你他们的电脑是如何运作的。即使在没有竞争的情况下,一个被背叛的品牌也可以对一个粗心大意的公司进行可怕的报复。你知道有多少品牌代表了'劣质''过时'和'山寨货'?"

* 兜售这个梦想 *

他们选的不是威士忌,而是形象。

——戴维·奥格威(David Ogilvy)

《奥格威谈广告》(*Ogilvy on advertising*,1983年版)

对于一些企业来说，成功的品牌就是把你的产品或服务定位为市场上最好的。例如，如果一种洗衣粉想打造一个品牌，让人们立刻联想到最佳清洁效果，那么企业就会用最白的白色和最鲜艳的颜色。任何一家企业，只要创造出一个在其领域被公认为精英的品牌，都做得相当不错。在许多情况下，没有必要做更多的事情。也就是说，我们生活在一个被超级品牌包围的世界里，很多超级品牌并不是在颂扬某种商品或服务的具体优点，而是在消费者心目中建立起一种品牌与生活方式的联系。这些品牌销售的与其说是一种产品，不如说是一种梦想——如果你让他们定制梦想，你的生活将会多么美好。

这是英国广告大师戴维·奥格威在上一页提出的观点。"拿威士忌来说吧，"他写道，"为什么有些人选择杰克·丹尼（Jack Daniels），而其他人选择老祖父（Grand Dad）或泰勒上校（Taylor）？他们真的尝过这三种酒并比较了味道吗？别逗我笑了。事实是，这三个品牌有不同的形象，吸引着不同类型的客户。他们选的不是威士忌，而是形象。品牌形象占酒厂销售业绩的90%。"奥格威甚至建议，你可以给消费者尝一尝老鸦（Old Crow[1]）威士忌（如实告诉他们这是老鸦），然后再给他们尝另一杯老鸦（但这次告诉他们这是杰克·丹尼）。他们会认为，这两杯酒非常不同，他说："他们是在品尝图像。"

通常，广告口号可以很好地显示出一个品牌是以产品为中心还是更有远大抱负。例如，多霸道（Domestos）家用漂白剂的口号是"杀死所有已知细菌，彻底消杀"。这告诉了消费者他们需要知道的关于产品有效性的所有信息。该广告传递的信息是，使用多霸道的产品，你将拥有一个真正干净的厕所。这正是人们想要的产品——并不是说多霸道会让他们感觉超级酷，特别受欢迎，没有任何烦恼的负担或者在其他方面得到普遍改善。

然而，其他很多产品都是灌输理念的，在某种程度上，它们会让你感受到不同，让你感觉最好能使用他们的产品。以可口

---

[1] 来自美国肯塔基州的一款廉价威士忌。——译者注

可乐这样的超级品牌为例。该公司多年来的口号包括："品味感觉""抓住潮流""这才是真正的好货"。这些都不能说明饮料本身的味道或者潜在的健康益处，相反，它们会引起情感反应。第一个口号传递了可口可乐给人渴望的"某种感觉"，第二个口号让人联想到在阳光普照的大海上冲浪的画面，而第三个口号则表明可口可乐在某种程度上具有一种真实的感觉。与此同时，耐克长期以来一直在另一场宣传活动中敦促消费者"想做就做"（Just do it），但该宣传语对产品的具体品质没有提供多少信息，反而让观众想知道，穿一双耐克鞋是否会帮助他们实现未实现的目标。还有万宝路（Marlboro），它的广告回避了吸烟是否有害这个棘手的问题，而是暗示人们，通过购买该产品，你可以"来到万宝路之乡"，在那儿，每个男人都可以实现成为约翰·韦恩（John Wayne）式牛仔的梦想。

理查德·布兰森曾声称："没有任何品牌做到了如今维珍所打造的东西——成为一种'生活方式'。"然而，与之针锋相对的是，近期兜售梦想的王者是史蒂夫·乔布斯。在乔布斯执掌苹果的时候，苹果的客户有时看起来更像是品牌的追随者，而不是普通的消费者。曾经有一段时间，苹果似乎在与微软争夺个人电脑业务的主导地位，人们往往会选择在两家公司之间站队。苹果的支持者会像体育迷一样，满怀激情地关注着自己球队的命运。

在产品发布会上，乔布斯展示了苹果最新的奇迹，成为全球媒体关注的焦点。乔布斯穿着他标志性的黑色卷领衫，以其迷人的演讲风格让其听众感觉他们看到了未来——一个他们可以成为其中一部分的未来。他是这个行业里的大师，他不仅出售最新的高科技小玩意，还出售对最新生活方式的渴望。

1984年，苹果在超级碗（Super Bowl）比赛中打出了一个具有里程碑意义的广告，它本身就是一个宏大的企业意图声明。该公司发出的信号是，它的电脑将前所未有地面向大众市场，计算机不再是企业或技术极客的专利，而是为观看超级碗的普通老百姓服务的。这则广告立即成为经典，它由好莱坞重量级导演雷德利·斯科特（Ridley Scott，这位大导演的作品包括传奇电影《银翼杀手》）执导，改编自乔治·奥威尔（George Orwell）的反乌托邦杰作《1984》。在影片中，一位"普通"的女主人公在奥威尔式的风景中奔跑，手里拿着一张Mac电脑的风格化图片，然后打碎了一幅"老大哥"的肖像。他们的口号是："你会明白，为什么1984年不会像《1984》那样。"这句话的潜台词有着许多层面的引申含义，但又很清晰：苹果的消费者是天生的反叛者和自由战士，是追求更美好未来的人，绝对不像苹果那些"老大哥式"的竞争对手。广告建议你买一台苹果电脑，与其说是在购物，不如说是在主张你对生活和世界的态度。

这是一个非常有效的销售策略，也是乔布斯在整个职业生涯中所拥护的策略。例如，标志性的 iPod 广告中，轮廓鲜明的人物戴着不显眼的耳机，享受着他们的音乐。广告中几乎没有详细的产品说明，但传达了这样的信息：购买这个产品，进入你自己的音乐世界。在这场战役中，苹果的品牌宣传似乎微乎其微，但每个人都知道这是谁的产品。时至今日，苹果的宣传活动往往更注重产品给人的感觉，而不是产品的细节。一句话，兜售的是梦想。

戴维·奥格威曾经说过："你不能以令人们厌烦的方式让消费者购买你的产品，你只能让他们有兴趣购买。"如果你能说服受众，让他们相信你的产品不仅能达到预期效果，而且他们的生活也会因此大大改善，那么，你在吸引他们兴趣的这条路上就走得很远了。这取决于每个企业家为他们的特定业务确定正确的道路。每个人都想要一个干净的厕所，但很少有人一生都在梦想它。如果你的企业能够令人信服地承诺，消费者可以距离实现梦想更近一些，那么，你通常就能开始赢利了。

敢于以不同的方式思考

史蒂夫·乔布斯提出的从 1997 年到 2002 年的"非同凡想"（Think Different）广告活动，可以说是苹果公司所有宣传活动中最伟大的一次。它成为该公司的虚拟宣言，致敬"疯狂的人、不合群的人、叛乱者、麻烦制造者……以不同的目光看待事物的人。"该活动使用了圣雄甘地、阿尔伯特·爱因斯坦、毕加索和马丁·路德·金等偶像的图像，这些人自己从来没有使用过苹果产品，但如果有机会（这个广告是如此暗示的），他们肯定会这么做。该活动赞扬了所有"足够疯狂"、认为自己可以改变世界的人。这是商业品牌与提升抱负的完美结合，并巩固了乔布斯在梦想销售行业的最佳声誉。

* 不要害怕颠覆 *

战利品归颠覆者所有。

——希瑟·西蒙斯(Heather Simmons)

《重塑戴尔:创新势在必行》

(Reinventing Dell: The Innovation imperative,2015年版)

"颠覆性创新"一词是学术和商业顾问克莱顿·M.克里斯滕森（Clayton M. Christensen）在1995年与约瑟夫·鲍尔（Joseph Bower）合著的文章《颠覆性技术：抓住潮流》（*Disruptive Technologies: Catching the Wave*）中首创的。但成为商业颠覆者意味着什么呢？简而言之，它意味着改变现状。"颠覆者"指的是那些想出新产品或新服务，或者只是用新方法做旧事情的企业家们，他们的想法最终会取代市场上那些老牌公司的想法。正如希瑟·西蒙斯所说："那些颠覆自己行业的人，改变了消费者行为，改变了经济，改变了人们的生活。"

颠覆者可以存在于，也确实存在于所有行业，但21世纪许多著名的颠覆者企业家都来自科技行业。想想比尔·盖茨如何改变了计算机的面貌，马克·扎克伯格如何改变了我们与他人的联系，杰夫·贝索斯如何让我们改变了几个世纪以来的购物方式，或者史蒂夫·乔布斯如何改变了我们听音乐或使用手机的习惯。毫无疑问，我们生活在一个颠覆性的黄金时代。这种颠覆显然对那些无力应对的公司是不利的，但一个企业衰落了，另一个企业就可以兴旺起来——这一切都有利于消费者，他们会从即将到来的颠覆者带来的改进中获益。正如埃隆·马斯克2012年在"每月潘多"（Pando Monthly）大会上指出的那样，在汽车、太阳能和太空等某些行业，你几乎看不到新进入者，但真正推动创新的正是他们。

尽管上面列出的这些人处于各种商业旋风的中心，但"颠覆者"企业家仍然要清楚地知晓，改变通常来得很慢。在消费者看来似乎一眨眼间出现的进展，通常是多年创新研发的结果。例如，微软和苹果从20世纪80年代以来所取得的巨大成功，是建立在广大员工多年的辛勤工作和他们不断积累的经验的基础上的。与此同时，亚马逊或许已经改变了零售文化，但在成立25年后，它仍然面临着来自传统零售模式的竞争。即使是脸书也还没有完全击败来自电话和电子邮件构成的竞争，甚至连蜗牛一样慢的传统邮件也没有像一些人预期的那样完全消失。所以，如果你想成为一个颠覆者，你需要韧性和非凡的耐心。

虽然克莱顿·M.克里斯滕森赋予了这个概念蓬勃的生命力，但颠覆性创新的根源可以追溯到更久远的过去。特别是，它与 20 世纪早期奥地利经济学家约瑟夫·熊彼特（Joseph Schumpeter）提出的观点有很多共同之处。在 1942 年出版的代表作《资本主义、社会主义和民主》（*Capitalism, Socialism and Democracy*）中，他把"创造性破坏的风暴"描述为"不断从内部革命经济结构的工业突变过程，不断摧毁旧的，不断创造新的"。也就是说，经济（和社会）的进步，是通过提出新的想法来取代旧的做事方式实现的。反过来，熊彼特的部分观点源于卡尔·马克思，后者认为整个人类历史就是一种经济模式推翻另一种经济模式的过程。

如果说互联网革命是大规模颠覆性创新（或者说是创造性破坏）的最新迭代，那么，它在某些地方类似于 18 世纪和 19 世纪的工业革命。事实上，工业革命在诸多方面甚至更为引人注目，它标志着从地方的小规模企业向大规模工业的决定性转变，大规模工业不仅谋求为当地村庄或城镇服务，而且谋求同时为整个国家和大陆服务。它开创了全球化时代（无论好坏），在许多国家让整个社区得以从农村迁移到城市。许多历史学家仍然认为，工业革命是现代世界的诞生根源。所有这些都表明，经济上的成功和创业上的颠覆，早已走到了一起。

当然，并不是每个企业家都有兴趣摧毁旧体制，创造新体制。许多人满足于仅仅在现有市场获得一个立足点。但即便如此，也有必要看看这个市场现有的参与者在做什么，并寻求做得更好或做得不同。有些颠覆是深远的——想想亚马逊的零售模式或亨利·福特的移动生产线。但其他的颠覆要微妙得多，其影响要循序渐进得多。正如数字媒体创新者、《不颠覆就会被淘汰》（*Disrupt You! Master Personal Transformation, Seize Opportunity, and Thrive in the Era of Endless Innovation*, 2015 年版）一书的作者杰·萨米特（Jay Samit）所说："颠覆者不必去发现新东西，他们只需要发现新发现的实际用途。如果没有任何颠覆，消费者将没有理由从他们已经熟悉的产品转向一家新企业。"

所有的企业家精神必须持有至少一颗颠覆性的种子：单纯建立一个企业是毫无意义的，除非它的目标是进入并颠覆一个现有的市场，或者在更罕见的情况下，创建一个全新的市场。不过，幸运的是，初来乍到的企业家比那些已经身陷龛中的企业家具有更大的颠覆能力，这给了他们一个显著的优势。正如克里斯滕森所言："现有公司难以利用颠覆性创新的原因在于，它们擅长现有业务的流程和商业模式，实际上却不擅长与颠覆性创新竞争。"

19 世纪 70 年代，美国人克里斯托弗·肖尔斯（Christopher Sholes）制造了一场商业混乱，虽然没有立即让世界陷入螺旋式发展，但影响深远，持续时间也很长。为了改进现有的打字机，他发明了 QWERTY 键盘，这是为了解决当时普遍存在的字母靠得太近而导致按键碰撞的问题。肖尔斯自己也怀疑过，他的破坏行为是否会"昙花一现，然后被抛到一边"。但颠覆并不一定要具有震撼力才能产生深远影响。

当然，对于一些企业家来说，震撼性的颠覆是绝对的目标。乔布斯或马斯克进入市场时，从来不会满足于制造一些涟漪。对他们来说，重大的颠覆才是要点。用马斯克在 2013 年西南偏南大会上的话说："我认为值得思考的是你正在做的事情是否会带来颠覆性的变化。如果只是渐进式的，那就不可能成为新主流。它必须比以前的和现有的好得多。"

敲出恰好的音符

音乐产业是近年最引人注目的破坏性或者说颠覆性创新事件的中心。其核心是一项新技术：通过互联网进行的文件共享。这种共享最初是非法的，但当它变得无法监管时（这样就避免了 CD 和黑胶等实体音乐载体销量的大幅下降），音乐行业就进行了调整，并与 iTunes 和 Spotify 等合法文件共享实体合作。如今，超过一半的行业收入来自网络下载和流媒体。

✽ 向上扩展 ✽

对我来说,最有趣的是改变和成长……创业有点像摩托艇,你可以开得很快,也可以很快转弯。

—— 谢家华(Tony Hsieh)

鞋履电商美捷步(zappos.com)联合创始人,2009 年说道正如我们所看到的，没有任何企业在创业之初便是完全成形的。所有的企业都始于第一个客户或委托人。每个成功的企业都必须经历一个成长期。当企业家为扩大规模认真做准备时，才能从"可能会成功"中脱颖而出，取得巨大成功。

这并不是说一个企业的成功只能通过它的规模来判断。有些企业家宁愿保持相对较小的规模，认为过度扩张会损害如今能以足够标准满足客户需求的能力，或者他们的商业模式更迎合当地需求，不适合广泛复制。

但即使是这些类型的企业家，也希望推动他们的业务向前、向上发展，增加投入以扩大产出并使利润最大化。那些想要成为商业巨头的人需要考虑的是如何将他们的业务从一个本地企业扩展到一个全国企业，最终成为国际舞台上的一员。要想成功做到这一点，需要牢记以下四个基本因素。

- 如果你想成为大公司，你需要有更大的视野。如果你满足于自己的业务规模，那也没关系。但如果你想让它成为世界第一，你就需要具备世界第一的心态。正如彭尼百货公司（J.C. Penney）创始人詹姆斯·卡什·彭尼（James Cash Penney）所指出的那样："扩张绝不是偶然的，这是各种力量共同努力的结果。"

- 不要忘记是什么让你的企业具有可扩展性。建立麦当劳帝国的罗伊·克罗克（Roy Kroc）意识到保持标准的重要性，正是这些标准最初让顾客喜爱上了麦当劳的产品。他说："我们每天都提供顾客喜欢的食物。人们只会想要更多。"

- 让你的公司做好成长的准备。扩张会带来一些不可避免的问题，但企业家应该尽一切可能做好准备。例如，确保你的 IT 系统足够强大，能够满足更高的需求；确保你的员工队伍足够庞大，确保供应链到位；确保你有足够的现金流，以应对一些迫在眉睫的小问题。美国医疗科技公司独角兽（Theranos，一家血液检测公司）的破产故事复杂而充满传奇性。但其失败的一个根本原因是，该公司希望在其重要技术——一种可行的、可扩展的血液检测系统——没有准备好投入市场之前，就开始扩张公司规模。换句话说，它走在了自己前面。

- 试着预测未来。这不是一件容易的事，尤其是在金融和商业领域。预测是一门众所周知的不精确科学。也就是说，如果你的计划不是建立在从短期到中期发生的事，那么，失败是不可避免的。至少，预测这个过程会帮助你专注于会面临的障碍。千万别干出面包屑烘焙店（Crumbs Bake Shop）的老板干过的事，在他于 2011 年斥资 6600 万美元收购了这家店（成立于 2003 年）以后，在短短三年内，其股价从 13 美元暴跌至 0.15 美元。它的衰落，主要是因为他们没有意识到纸杯蛋糕（这是当时它唯一提供的产品）呈指数级增长的受欢迎程度会突然在一天内终结。

雷•克罗克和麦当劳的例子，对任何有抱负的企业家都有启发意义，因为它是有史以来规模最大的企业之一。此外，麦当劳起初甚至不是克罗克自己的事业。最初的麦当劳餐厅是位于加州圣贝纳迪诺的一家简单的自助外卖汉堡吧，由迪克•麦当劳（Dick McDonald）和麦克•麦当劳（Mac McDonald）两兄弟经营。它的菜单很简单——汉堡、薯条和奶昔。所有的东西都能通过生产线迅速送到顾客手中。雷·克罗克是一位50多岁的奶昔搅拌机销售员，有一天他来到店里，看到店里洋溢着快乐的面孔，这给他留下了深刻的印象。

他还发现，这家公司的营业额很高。然后，他开始想象，如果把生意扩大成连锁餐厅，每个分店都复制原来这家餐厅的特点，会带来多大的财富。鼓起勇气，他会见了麦当劳兄弟，问他们是否有兴趣与他合作。然而，兄弟俩并不感兴趣，他们对公司的现状很满意，不想承担额外的扩张工作。

然而，雷·克罗克并没有被劝退。也许是他们没有扩张所需的必要思维，而他肯定有。他与对方达成了一项协议，允许他使用这个店名，复制他们的餐饮模式。然后，他开始销售特许经营权。但是，尽管一些特许经营企业很乐意接受特许经营者的钱，然后将经营权直接交给特许经营者，克罗克正是认识到，麦当劳的长期成功，依赖于复制并扩大圣贝纳迪诺总店的所有特性。

一致性才是关键。顾客需要知道，无论他们在哪个麦当劳，都可以期待相同的食品标准和服务质量。为了确保每家餐厅在制作汉堡、薯条和奶昔时都使用相同质量的食材和相同的工艺，克罗克设想了一种基于三条腿凳子的特许经营模式：麦当劳的总部机构是一条腿，特许经营商是第二条腿，供应商是第三条腿。

正如他喜欢告诉潜在投资者的那样：做生意是为你自己，而不是靠你自己。

随着企业规模的扩大，他要求更严格的纪律。汉堡的成分被编成多达75页的手册，详细介绍了"麦当劳方法"。服务标准也要保持不变。就像他在回忆录《苦心经营：麦当劳创业史》（Grinding It Out: The Making of McDonald's）中写的那样："麦当劳是一家以人为本的公司，在你点餐时，柜台女孩脸上的笑容是我们形象中至关重要的一部分。"

受克罗克引导，麦当劳在三年内扩大了规模，卖出了第1亿个汉堡。到1963年，这个数字已经达到10亿。到了1974年，快餐连锁行业的价值超过了整个美国钢铁行业的价值。克罗克对他的公司"比其他任何公司都更重视汉堡包业务"感到自豪。他也从不满足于让生意停滞不前。他说："只要你保持绿色，你就在成长。一旦你成熟了，就会开始腐烂。"

最近，扎克伯格带领脸书走上了一条类似的道路。从最初为哈佛学生提供的不起眼社交网络服务，到逐渐扩展到其他常春藤盟校，再到全国各地的大学和高中，他把这家公司打造成了今天的全球巨头，拥有超过20亿的活跃用户。

当然，这并不是一帆风顺的。但不管这个社交媒体平台会招致什么样的批评，扎克伯格对市场的了解，以及让他的公司满足其需求方面的才华是毫无疑问的。当然，并不是他和脸书所做的一切都成功了，但无论何时出现了商业上的困难，脸书都有足够强大的力量来应对——即使如此多的社交媒体竞争对手来来去去。此外，它很少忘记，其增长依赖于继续满足市场需求。

尽管扎克伯格偶尔会表现出虚张声势的模样，但他是一个通过结合愿景和对细节的关注来指导脸书扩大规模的人。2011年，他在加州帕洛阿尔托的Y Combinator创业学校接受采访时说，硅谷"有点注重短期发展，这让我很困扰"。在不断扩张的阶段，确保业务能够适合长期目标，似乎是他的主要动机。正如他在2010年接受美国广播公司（ABC）的黛安娜·索耶（Diane Sawyer）采访时所说的那样："人们并不在乎别人在电影里怎么说你，甚至不在乎现实的你说了什么，对吧？他们关心的是你建造了什么。"

* 简 化 , 合 理 化 *

以尽可能高的质量生产越来越多的商品,以最好和最经济的方式生产它们并迫使它们进入市场。

——亨利·福特谈"商业基础"(Business Fundamentals)

1930 年

许多企业家以家庭手工业的形式开始运营他们的企业,他们要负责管理许多方面,有时甚至需要管理好一切。他们是企业运营背后的大脑,其工作包括提出最初的想法,定制所能提供的商品或服务,监督管理,建立网络,创建品牌,为客户沏茶,等等。

但很有可能的是,一家企业越成功,就越不适合以这种方式经营。扩张往往需要与提高效率齐头并进。在某些方面,小型初创企业在效率上的优势,是规模更大、更成熟的组织永远难以与之竞争的。正如我们将在本书的其他地方看到的,从本质上讲,初创企业比大公司行动更快,对不断变化的市场环境能够作出更灵活的反应。

尽管如此,规模更大的企业也有其自身天然的优势。例如,大企业可以深度利用经济杠杆。通常，当你拥有生产更多产品的能力，就能以更低的成本生产每一件产品。假设你有两个紧挨着的面包房，它们有相同的场所，但面包师 A 的资金只够安装一个烤箱，而面包师 B 可以负担两个烤箱。他们每个人都有一名助手，面包师 A 的员工每天和他一起花 5 个小时，用他们的一个烤箱制作 200 条面包。然而，面包师 B 的员工可以在 6 小时内生产 400 条面包——他们不用花太多力气就能多做些面团来填满两个烤箱。因此，面包师 B 在每条面包上花费的成本比面包师 A 少，因为他在原料、能源成本和劳动力成本上的额外支出，很快就被他的两倍库存面包所产生的额外收入所填平。面包师 B 更成功，因为他的企业在生产方面更精简。

有很多方法可以确保你的业务在增长的同时保持精简。例如，你可以：

- 建立一个操作指南并定期审查。这样你就可以确保你的员工在按照你自己的标准工作。
- 了解新兴技术，看看它们是否能够帮助你提高业务效率。
- 实施有效的培训制度，使员工不断学习并更新他们的知识库。
- 即使生意很好，也要经常寻找可以削减的肥肉，以及任何在某些时候阻碍业务顺利运行的东西。

- 从局外人的角度看问题。没有人比你更了解你的业务,但一个导师或一个独立的第三方,能够在你的工作中发现潜在的破坏者。

通常,技术进步是简化与合理化的关键。电话和打字机这两项发明彻底改变了成功企业的经营方式。最近,互联网革命让许多精明的企业家简化了他们的商业想法,使之适合现代消费者。例如,杰夫·贝索斯为电子商务时代重新塑造了它传统的零售模式,在这个过程中,他成为世界上最富有的人之一。然而,我们必须再往前追溯一点历史,才能找到一个在提高工业生产效率方面可能比历史上任何人都做得更多的人:亨利·福特。

福特的创业梦想极其简单而辉煌。在那时,拥有汽车是一种只有社会上最富有的人才能享受的奢侈品,但福特梦想着以足够便宜的价格大批量生产汽车,让普通工薪阶层都能买得起。他推出的 T 型车实现了这一目标。几十年来,T 型车一直被列为全球最畅销的汽车。但为了将其推向市场,福特不得不想出一种全新的生产方式。

1908 年,T 型车问世,售价为 825 美元。它比其主要商业竞争对手便宜得多,但是对普通老百姓来说还是很贵。销售开始时情况还不错,但福特意识到,要达到他所期望的销量,他需要把价格降低一大块。他不愿在工程质量上妥协，但可以简化其他设计特征，并让整个设计更接地气。他明白，他的买家并不期望T型车拥有劳斯莱斯一样的豪华度，因此他有一句名言："任何客户都可以拥有一辆他想要的任何颜色的车，只要它是黑色的。"当时，黑色油漆是干燥最快、最便宜的漆面。

在福特之前，装配线通常用于相当简单的生产过程，比如磨坊、啤酒厂和面包店。但福特是第一个将其应用于像汽车制造这样复杂领域的公司。在那之前，一个工程师团队只研究一辆车，但福特足够有远见并彻底改变了这一过程。他宣布，这辆车将从一个专业工人手中转移到另一个专业工人手中，每个专业工人负责制造车辆的不同部分。在五年间，他完善了一个系统，在这个系统中，每辆车都要经过84道不同的程序。他还建造了一条定制的电动装配线，这样车辆就不再需要用绳索和滑轮组成的笨重系统来移动了。他的新系统于1913年推出，将一辆汽车的制造时间从大约12个小时缩短到两个半小时。不到一年，T型车就占据了美国汽车销量的一半。到1922年，每辆车的价格已降至不到300美元。

乔治·J.弗雷德里克（George J. Frederick）在1930年编著的《生产哲学：座谈会》（*A Philosophy of Production: A Symposium*）让我们得以深入了解福特的思想。"我从商这么多年来，"福特说，"我还从未发现我们的生意因为任何外部势力而变得不景气，只会因为公司内部的缺陷而下跌，而无论何时，只要我们发现了缺陷，就会进行修复，业务也会恢复正常——不管其他人在做什么。"然后，他列出了他认为的"商业的基本原则"，包括本章开头引文所列的原则。他说："这些基本要素都可以归结为一个词——'服务'。'服务'首先要发现人们的需求，然后根据刚刚给出的原则来满足他们的需求。"

一百年后，埃隆·马斯克追随福特进入了汽车制造领域，并呼应了他始终追求效率的哲学。

"不断思考，"马斯克说，"思考你如何能把事情做得更好并质疑自己。"

＊ 优 雅 地 成 长 为 你 自 己 ＊

谷歌这家非常成功的公司，声称有广泛的权利将他人的财产用于自己的商业用途，除非被逐案告知不得这样做。

—— 美国大学出版社协会声明
（Association of American University Presses）

2005 年

前文的声明是对谷歌庞大的图书数字化项目作出的回应。该计划始于 2002 年,最终目标是扫描并数字化世界上大部分书籍,创建一个庞大的在线图书馆。对该项目的拥护者来说,这是有史以来最伟大的人文主义项目之一。然而,对于许多作家和出版商来说,他们担心自己的书籍将无法再获得收入,这威胁到了他们的生存。这个项目最终陷入了漫长而昂贵的法律纠纷中——尽管在此之前已有 2500 万本书被扫描。

这到底是一种令人敬畏的、采集大量学习资源和重要文化的尝试,还是企业对长期确立的版权法的严重滥用?时至今日,人们的意见仍像以往一样存在分歧。无论你自己的感受如何,这些事件都凸显了有抱负的企业家面临的严重困境。你越成功,你就越不会成为一个虚张声势的局外人。虽然你曾经被认为是一个勇敢的弱者，为了大众的利益而改变事情，但你的行为很快就会被重新解释为商业恶霸。这是一条非常难走的路线。

谷歌的座右铭曾经是"不作恶"（Don't be evil），这仍然是其公司行为准则的一部分。然而，谷歌在努力从创新的颠覆者转变为成熟的市场巨头的过程中，多次发现自己受到了社会各界的抨击。多年来，谷歌和其他几家硅谷巨头被指控违反反垄断法和版权法，在世界政治敏感地区实施各种形式的审查，挪用和滥用客户数据，滥用劳工公约和逃税，等等。

2018 年 3 月 17 日，《观察家报》（Observer）在脸书于剑桥分析公司（Cambridge Analytica）丑闻中所扮演的角色被披露后发表了一篇社论，概括了这些公司在从外部颠覆者角色转变过程中所面临的问题（见本章末尾）。社论写道："脸书上市后不久，其创始人就告诫员工要'快速行动，打破陈规'。显然，这是一种黑客的比喻，也因此，有些令人感动的无辜。扎克伯格从未想到的是，自由民主也是谷歌破坏的东西之一。是时候让他——以及他们——长大了。"真正成功的企业家必须以某种方式从年轻的天才走向负责任的成熟大人，而在这个过程中，完全不用失去最初推动企业发展的动力和活力。

对于那些业务遍及全球、客户基础包括数十亿人的企业来说，这是一个特别严峻的挑战。但如果想听些安慰人的话，那就是——这绝不是什么新问题。以约翰·D.洛克菲勒（John D. Rockefeller）为例。在 1870 年建立了标准石油公司（Standard Oil Company）之后，他开始主宰美国的石油工业。据估计，在他的巅峰时期，他控制着美国 90% 的石油，积累了相当于美国 GDP 2% 的财富。在建立自己的企业时，洛克菲勒利用了技术创新和新公司结构，但他也以无情地消灭商业对手而闻名，他的手段有时——说得好听点——游走在合法的边缘。最终，在 1911 年，最高法院裁定他违反了反垄断法，因此标准石油公司应该被拆分。洛克菲勒无法避免自己从颠覆者转变为阻碍者的过程，因此当局被迫进行干预，再次放开了市场。对于现代颠覆者来说，他的故事无疑是一个警示。正如弗里德里希·尼采（Friedrich Nietzsche）在《超越善恶》（*Beyond Good and Evil*，1886 年）中所说："无论谁与怪物战斗，都应该确保在战斗的过程中不会变成怪物。"

数据与命运

2018年,脸书发现自己成了媒体风暴的焦点,因为从事政治咨询的剑桥分析公司被曝获得了数千万脸书用户的个人数据,剑桥分析公司随后利用这些数据指导政治竞选活动。尽管脸书没有直接提供数据,但这一事件暴露了个人数据管理方面的漏洞。紧随其后的是,脸书的市值缩水了1000多亿美元。此外,马克·扎克伯格被传唤到美国国会发表证词。

* 重塑风景 *

我一生都在建造我想要生活的世界……
——罗宾·蔡斯（Robin Chase）
Zipcar（共享汽车公司）创始人，《卫报》（*Guardian*）2013 年报道正如前一章所述，梦想有各种不同的形式：一个企业家梦想着在附近开一家最受欢迎的餐厅，另一个企业家梦想着创造一些能被明星们使用并被数百万粉丝购买的化妆品，第三个企业家梦想着在太空建造一座城市。

所有梦想都具有同等效力。有时，拥有看似更谦逊抱负的企业家，最终会获得最令人满意的结果，这也是事实。邻里餐厅老板的生活很可能和赚得数十亿美元家喻户晓的商业帝国老板一样快乐（甚至更快乐）。无论是想要做善事并从中获益的企业家，还是想要改变社会结构的家伙，在这个世界上都会有大展拳脚的空间。不过，本章对后者特别感兴趣。

罗宾·蔡斯在 2000 年与人共同创立了汽车共享公司 Zipcar，

她被认为是改变全球商业格局的功臣之一。她也是最早在欧洲看到了几家成功的汽车共享企业后将汽车共享概念带到美国的人之一。这一想法改变了数百万人对出行方式的看法,并在减少道路上的汽车总数方面带来了显著的环境效益。蔡斯向《卫报》灌输了她的"建造我想要生活的世界"的主张,她谈到了发展一个"高度诚信的社会,在那里,我们关心我们生活方式的来源和后果,个人和公司在一个互惠互利、令人愉快的高效体系中蓬勃发展,那里有很多参与和施展才华的机会。"因此,Zipcar 站在商业和更深入的社会进化之间的前沿。

有时候,改变游戏规则的想法并不容易浮现。1854 年,大批人聚集在纽约世界博览会的水晶宫,观看一个名叫伊莱沙·奥蒂斯(Elisha Otis)的人的表演。他站在一个四层楼高的平台上,只有一根绳子连着一个木架。过了一会儿,绳子被一把剑戏剧性地割断了,然而奥蒂斯并没有坠楼而死。相反,他的专利——安全刹车生效了。奥蒂斯发明了"安全电梯"的消息很快就传开了,订单纷至沓来,人们都希望将该系统安装到多层建筑中,以便在楼层之间运送货物和人员。传奇演员 P.T. 巴纳姆(P.T. Barnum)的想法是,把一个本质上是产品发布的活动,变成一个危险的、取悦大众的"事件"。在几年内,奥蒂斯的发明使建造更高的建筑成为可能,为今天主宰全球城市的摩天大楼铺平了道路。但是，当奥蒂斯宣布"一切安全，先生们，一切安全"时，纽约的观众中有谁意识到了这句话的含义呢？

近几十年来，硅谷的"风景重塑者"比世界上任何地方都多。盖茨、乔布斯、扎克伯格、拉里·佩奇和谢尔盖·布林……这些人利用科技，从根本上重新定义了这个世界的行为方式，甚至是对人们自己的看法。另一位是阿里安娜·赫芬顿，自 2005 年创办《赫芬顿邮报》以来，她在媒体的变化中发挥了关键作用。当世界上大多数地方的新闻还是通过传统媒体渠道的专业记者获得的时候，赫芬顿看到了一种新型新闻网站的潜力。《赫芬顿邮报》最初是一家兼具新闻合并功能（为用户提供来自多个来源的联合新闻报道）和博客功能的报纸。它鼓励来自不同声音（不一定来自知名记者）的评论文章，主题涵盖严肃的政治到娱乐、健康、技术、文化等主题。

并非所有人都认同这一模式，但赫芬顿意识到，新一代精通技术的消费者希望有能力管理自己的新闻来源，而不是接受传统报纸或电视简报提供的一部分精选内容。赫芬顿成功的关键在于，她决心不被反对者所左右。正如她所说："我们越是拒绝接受内部的批评，也越是拒绝接受外部的批评，我们就越容易对自己的选择有信心，对自己感到舒适。"

2011年，《赫芬顿邮报》网站被美国在线（AOL）以超过3亿美元的价格收购。那时，赫芬顿已经成为《时代》和《福布斯》等杂志"最具影响力"榜单的常客。当然，她为媒体消费的新时代描绘了蓝图。许多人追随她的脚步，尤其是Breitbart.com。随着《赫芬顿邮报》被广泛认为是自由价值观的堡垒，或许具有讽刺意味的是，正是赫芬顿的亲信之一，安德鲁·布莱巴特（Andrew Breitbart）创建了支持唐纳德·特朗普（Donald Trump）竞选总统而闻名的同名网站。

但这种讽刺是改变世界的困难又复杂过程的一部分。改变商业和文化格局总是有不可预见的后果，而这些后果并不总是好的。例如，当马克·扎克伯格开发脸书时，他肯定没有预料到他"连接世界"的努力会让他的公司面临帮助在全球传播虚假和不良内容的指控。卡尔·本茨（Karl Benz）也无法盯着水晶球，看他的汽车专利如何在一个世纪后使地球升温到危险的高度。同样，尽管社交媒体和内燃机现在有那么多明显的缺点，但谁能想象一个它们不存在的世界呢？试图计算两者的全部盈亏比率是徒劳的。我们所知道的是，这两种现象从根本上改变了人类社会。

2014年，美国电视制片人兼作家珊达·莱姆斯（Shonda Rhimes）在新罕布什尔州的达特茅斯学院（Dartmouth College）发表了毕业演讲。"梦是可爱的，"她说，"但它们只是梦。飞逝的、短暂的、漂亮的。但是梦想并不会因为你梦到它而成真。只有辛勤的工作才能让梦实现。只有艰苦的工作才能带来改变。"这是那些既有商业抱负,又渴望改变社会现状的企业家们所信奉的信条。

信贷的根源

弗兰克·沙利文（Frank Sullivan）是另一位"游戏规则改变者"，尽管连他也不能预见到他的商业理念带来了如此深远的影响。有一次，他在餐馆拿着账单，却发现自己忘记带钱包，这让他很尴尬。为了避免类似的事情再次发生，他想到了使用大莱卡（Diners Club card）。这是信用卡的前身，它使消费者比以往任何时候都更容易借钱。

沙利文不仅改变了购物的方式，还改变了数十亿消费者对他们买得起什么，以及什么时候能买得起的看法。

* 做长线 *

人生路很长，但走得很快。

—— 卡洛斯·斯利姆（Carlos Slim）

carlosslim.com（1994年）

耐心并不是许多企业家容易接受的特质。事实上，企业家精神倾向于相反的方向。它吸引着躁动不安的人，他们渴望继续前进，并且往往希望能早日获得大笔财富。但耐心是一个关键因素，它能让你有长远的战略眼光，最终确保真正伟大的企业家能够长久兴盛。

卡洛斯·斯利姆在墨西哥总部建立了一个庞大的商业帝国，横跨房地产、金融服务、酒店、媒体和娱乐、技术、能源、交通和制造业等各个行业。多年来，他发现自己一直位居世界上十大最富有的人的行列。虽然他从未受到不重视商业利益的指责，但他在许多场合都谈到了陷入短期利益（或者更糟糕的是，业务倒退）的陷阱。正如他在1994年的《致年轻人的信》（*Letter* to Young People）中所写的那样："热烈而充实地活在当下，不要让过去成为负担，而要让未来激励你勇敢前行……"

1923年，经济学家约翰·梅纳德·凯恩斯（John Maynard Keynes）写了《货币改革论》（A Tract on Monetary Reform），他在其中发表了著名的言论："从长远来看，我们都是死人。"他这是在攻击那些经济预测人士，他认为这些预测者利用"长期"作为他们工作乏力的一种托辞。他认为，"在动荡的季节里，他们只能告诉我们：'当风暴过去很久以后，海洋又会平复下来'——这样的预测实在是一件太容易、太无用的工作。"这也是事实，如果一个企业家用"长期"来掩盖他们在短期内的失败，那么他们就注定要失败。换句话说，无视今天发生的事情，说服自己到明年这个时候一切都会好起来，这是一种破坏性的行为。这种行为与其说是合理的耐心和长期思考，不如说是自欺欺人。

但每个成功的企业或多或少都是耐心和长期战略的表率。正如杰夫·贝索斯在2011年的"爱迪生国家"（Edison Nation）系列视频中所说："有想法很容易。难点在于，在实现想法的过程中，有很多步骤要处理，而且要持之以恒。"非凡的投资者沃伦·巴菲特也主张做长线。在其伟大的职业生涯中，他一直在对建立在长期稳定基础上的企业进行投资，并多次提出这样的观点：投资者应避免因短期市场波动而迅速抛售的企业，而是要寻找以健全的基本价值、安全的管理和有限的风险为基础的企业——这也是任何企业家都应追求的企业发展发向。

《愤怒的小鸟》（Angry Birds）系列游戏背后的芬兰公司路威（Rovio），是长远思维优势的新案例。该公司于 2003 年由赫尔辛基理工大学（Helsinki University of Technology）的三名学生——尼克拉斯·赫德（Niklas Hed）、雅诺·韦克韦宁（Jarno Väkeväinen）和金·迪克特（Kim Dikert）创立，在 2007 年苹果手机首次发布时，该公司正处于困境。路威公司意识到，这对游戏制造商来说是一个改变游戏规则的大变化，因此他们开始设计一些能够利用当时正在兴起的应用程序热潮的作品。《愤怒的小鸟》在 2009 年发布时，是路威在游戏方面的第五十二次尝试。但它并没有立即获得成功。在首要的美国和英国市场上，玩家数量提升速度很慢，所以路威公司集中精力，在几个小市场上寻求新鲜血液。很快，它在捷克共和国、丹麦、芬兰、希腊和瑞典等国成为热门游戏。几个月后，英国和美国市场也紧随其后。到 2011 年，7500 万用户每天共玩这款游戏 2 亿分钟（这意味着每小时全球玩家共花费了 16 年的游戏时间），路威公司在这个最初投资了 10 万美元的游戏中赚取了成百上千万美元。这是一个历时近十年的"一夜成功"，是多年来专注于战略规划的结果。

能够在日常的果断行动和关注长期战略之间找到平衡点，是所有伟大的企业家都具有的特征。不过,这并不是一项容易掌握的技能。日常业务的细枝末节往往会妨碍我们的工作,因此,解决最新的问题往往比从企业的长期健康角度评估问题的严重程度更重要。此外,我们中的许多人都有一种倾向,即过高估计短期内可以实现的目标(想想我们为自己制定不可能完成的任务清单吧),而低估了长期所能实现的目标。过长的日程表会影响我们的精力,最终成为我们长期愿景的障碍,而不是帮助。

当然,企业家必须参与日常工作,但它不应该以你的长期计划为代价。不要为了减少月度开支而使用廉价的解决方案,这会对你的业务产生不利影响,不如为好的解决方案支付一点额外的费用。例如,不要为了重新粉刷挂在门上的老旧、生锈的"营业中"招牌而关门一整天,特别是当你可以从路边的招牌公司买一个新的挂牌时。将你的精力投入到恢复昔日辉煌的招牌中所节省的钱,与购买新招牌所损失的钱相比,是微不足道的。这一天将不会有任何顾客的损失。这当然是一个假想的场景,但许多企业都有类似的短期行为,甚至没能意识到这一点。

要特别警惕任何会对你的客户体验产生负面影响的临时省钱决定,受此影响的顾客将会选择光顾其他地方。例如,如果你经营一家咖啡馆,在面临资金短缺时,你或许可以随意购买些经济型茶包供你个人使用,但要谨慎考虑是否要把顾客的茶也降低档次,因为这意味着他们再也不会回来。千万不要只见树木,不见森林。

马克·扎克伯格曾吹嘘说,他只用了一周时间就建立了脸书的第一个迭代产品。但他也经常谈到他对公司的"使命感"——将公司发展到未来的动力。他在2007年对《快公司》说的话,值得任何有兴趣且不仅仅是为了获得一笔快钱的企业家瞩目,他说:"我在这里是为了建立一个长期存在的东西,任何其他事情都是分心的小事。"

* 谈判是一门艺术 *

谈判者应该观察一切。你必须一部分是夏洛克·福尔摩斯,另一部分是西格蒙德·弗洛伊德。

——维克多·基亚姆(Victor Kiam)

《勇往直前!如何成为一名成功的企业家》
(*Going for it! How to succeed an entrepreneur*, 1987 年)

维克多·基亚姆当然知道如何获得一笔好交易。他是在1979年收购个人护理公司雷明顿产品（Remington Products）的人，这是最早的杠杆收购之一（在这种交易中，用借来的钱作为购买资金，被收购公司的资产作为贷款的抵押品）。雷明顿公司多年来一直处于亏损状态，但在基亚姆接管后一年内就实现了健康的盈利。在他的妻子给他买了第一把雷明顿电动剃须刀后，基亚姆因声称"我非常喜欢这把剃须刀，所以我买下了这家公司"而闻名世界。

然而，我们中的许多人发现，自己与喜剧演员菲儿·王（Phil Wang）属于同一级别的交易商，他曾经描述过他在印度尼西亚市场上为一个小饰品进行讨价还价的尝试。"我努力为这个东西讨价还价了。"他向他的观众肯定道,"市场上的人说要十万卢比,我说五万。然后他说十万,我说七万。然后他还说十万,所以我付了十万卢比。"

毫无疑问,有些人在谈判中本能地比其他人更自如。例如,我们可以有把握地假设,基亚姆在印度尼西亚市场上支付的价格会比菲儿更低。有些人天生就知道什么时候该用力,什么时候该让步,什么时候该转身,什么时候该在虚线上签字。但是,尽管某些人可能有先天的优势,企业家仍然可以通过学习和他人的指导来谈出一笔完美的交易。

- 做好基础工作。任何谈判中最重要的部分,是在谈判双方还没有围坐在一起敲定条款的时候。做好你的调查工作,找出关于对方的一切——查看公共记录和账目,与过去同他们合作过的第三方交谈,等等。同时,对自己的立场要有坚定的把握。承认自己一方的优势和劣势。古代哲学家孙子在他的经典战略论文《孙子兵法》中指出:"知彼知己,百战不殆;不知彼而知己,一胜一负;不知彼不知己,每战必殆。"

- 计算你的底线。如果你去参加拍卖会,通常建议你计算出你愿意报出的最高价格,然后坚持下去,以免被当下的兴奋情绪所迷惑。事先知道你能接受的最低条件是什么,在谈判中争取高于这些条件,但不要接受低于这些的条件。沃伦·巴菲特指出:"价格是你付出的,价值是你得到的。"交易中的数字必须代表企业家的价值。

- 为谈判调整好自己的状态。确保你休息充足,精神饱满。早点到达会场,这样你就能做好准备,找到自己喜欢的位置。如果可能的话,事先与朋友或同事一起演练可能的谈判场景。如果你在谈判的最后一分钟出现,衣衫不整,眼冒金星(也许是因为整晚躺在床上担心将要发生的事情),那么你就会被认为是在做梦,你已经把优势交给了你的对手。

- 诚心诚意地行事。当然,每一方都想为自己获得尽可能好的交易条件。但是,如果一方或双方在谈判中一直处于防守状态,认为对方是在试图获得某种利益,那么谈判注定会出问题。如果你倾听对方的观点,他们也会倾听你的观点。开放的态度并不能保证达成交易,但它是通向谈判成功,即双赢交易的最优路线,谈判中的每个人都觉得他们获得了对自己有用的协议。在她 2009 年出版的《理解商业:商业技巧实用指南》(*Making Sense of Business: A No-Nonsense Guide to Business Skills*)中,艾莉森·布拉纳根(Alison Branagan)引用了传奇石油大亨约翰·保罗·格蒂

（John Paul Getty）的话："我父亲说过，'你永远不要试图赚取交易中所有的钱。让其他人也赚一点钱，因为如果你有了总是独自赚了所有钱的名声，就不会有人想和你做生意了。'"

- 不要急于求成。不要让自己被人摆布到一个不舒服的位置。在《公司礼仪》(*Company Manners*, 1986年版)中，路易丝·怀斯（Lois Wyse）写道："在商业中最危险的词是'不'，第二危险的词是'好'。你是可以避免说这两个词的。"

- 知道什么时候应该叫停。如果谈判对手拒绝在一项你不可接受的交易中让步，这会让人感觉是对个人的侮辱。但不要陷入争吵之中，保持冷静并走开即可。这不是正确的交易，所以要等待正确的交易。同样，谈判也会让人感觉像一场漫长的棋局，而你突然发现自己的位置正符合你的要求。不要让这一时刻逝去，立即结束游戏，握手言和，起草合同。

企业家可以从那些在商业以外的领域进行谈判的人那里学到很多技巧。例如，哈佛大学法学院教授、《与魔鬼讨价还价：何时谈判，何时战斗》(*Bargaining with the Devil: When to Negotiate, When to Fight*) 一书的作者罗伯特·H. 姆努金（Robert H. Mnookin）认为，南非反种族隔离领导人、该国首位黑人总统纳尔逊·曼德拉（Nelson Mandela）是20世纪最伟大的谈判者。姆努金认为："曼德拉摒弃了那种头脑简单的观念，即要么与魔鬼谈判，要么强行抵制。他两者都做了。他愿意作出让步，但不是对他最重要的东西作出让步。在关键的政治原则方面，他是不可动摇的。"换句话说，他愿意在能够满足他最基本（和不可讨价还价）目标的交易中采取灵活态度。这样的策略将为每一位初出茅庐的企业家带来好处。

谈判会让人觉得是一种狂热的行为，这是对双方的决心和力量的考验。真正的技巧是确保你的谈判就只是一场谈判，达成大家都满意的条款，而不是对抗。要做到这一点，企业家必须表现出耐心，打好基础，公平竞争，知道什么对他们有用，什么对他们没有用。弗朗西斯·培根（Francis Bacon）在他1597年的文章《谈判》（*Of Negotiating*）中对此做了精辟的总结："在所有困难的谈判中，一个人不能指望一下子播种和收获；而是必须一步步做好准备，这样才能逐渐成熟。"

真正的交易

詹姆斯·华莱士在他 1992 年出版的《硬盘》一书中,引用了微软的比尔·盖茨的话:"让我们给真实世界打电话,并试图向它出售一些东西。"当他在 1980 年与计算机巨头 IBM(国际商用机器公司)签署协议时,他的这一目标令人震惊地实现了。IBM 正在为其个人电脑的操作系统而努力,盖茨同意提供一个操作系统,尽管他还没有掌握它。结果,MS-DOS 诞生了。盖茨的天才之举是把操作系统卖给 IBM,条件是他保留版权。他的赌博得到了回报,他的操作系统在 20 世纪 80 年代爆炸性增长的个人电脑行业中占据了主导地位,为微软公司赚取了远远超过 IBM 公司曾支付的费用。这确实是一生中最重要的交易。

＊ 狡猾一些 ＊

你怎样才能打败鲍比·费舍尔（Bobby Fischer）？你在任何游戏中都可以和他交手，但不能是国际象棋。我尽量待在我有优势的游戏中。

——沃伦·巴菲特

《商业周刊》（*Business Week*，1994年）

可能出现的情况是，一个企业以最亲民的价格提供市场上最好的产品或服务，并努力为其客户提供无与伦比的体验，但仍然在市场中挣扎。长期的成功最终取决于你的产品有多好，但在市场上站稳脚跟，往往还有一些其他因素。例如，纯粹的好运气——就像雨季到来时开门营业的雨伞公司。但是，成功的企业家的另一个特点往往很少被提及，那就是意志力：能够在适当的时候作出精明的决定，使游戏对你有利。

例如，在本书的其他部分，我们已经看到微软公司的持久成功至少部分建立在比尔·盖茨操控的两笔令人难以置信的狡猾业务上。首先，在与MITS公司的交易中，盖茨承诺提供微软尚未开发的BASIC注释器，而且他也不能完全确定微软是否能成功地做到这一点。几年后，盖茨又决定不直接向行业领导者IBM出售其个人电脑的操作系统，而是将其授权给他们并保留版权。这是两场巨大的赌博，但却得到了丰厚的回报。盖茨是商业世界的一个新人，但他表现出了一种本能的精明和判断何时走向特定路线的能力。

杰夫·贝索斯是另一个关于意志力的案例。当他开始他的亚马逊冒险时，他梦想着最终创建一个"万能商店"。但他知道，他必须分次建立起一个又一个部门的业务。因此，他冷静地分析了他可以先销售的商品。他意识到，图书业务在拥抱互联网带来的技术革命方面还有很多事可做，而图书很符合他的需要。图书拥有一个庞大的、地理分布广泛的市场，而图书本身是不易腐烂的，而且相当容易储存和运输；每本书甚至有自己独特的识别号码，以确保订单可以十分容易地完成。

此外，网络环境带来了为客户提供数百万册图书可选的前景，而贝索斯知道，即使是最大的实体书店，最多也只能存放15万册左右。因此，网上书店有了一个瞬时竞争优势。当美国最大的传统连锁书店巴诺书店（Barnes & Noble）开始在网上销售图书时，亚马逊已经有了2年的交易记录了，巴诺书店从未赶上。而今天的亚马逊，已经是贝索斯曾经想象过的"万能商店"。

在许多文化中，狡猾和盘算往往被认为是负面的。那些被贴上这个标签的人被视为可怕的、狡猾的狐狸，那是暗中狡诈的象征。但是，在20世纪初，亨利·福特对待他的员工的做法表明，既狡猾又仁慈是可以实现的。他开始给员工支付远高于行业标准的工资，这在当时被一些人认为是一种商业自杀行为。事实上，通过慷慨的报酬，他成功地促进了福特公司的业务。他那些快乐的工人对获得的高报酬作出了回应，他们的生产力几乎超过了福特的所有竞争对手，因为他们想保住自己的工作，因为他们被激励了，旷工现象大大减少。此外，由于为福特公司工作的极高积极性意味着没有大量的员工流失，老板也可以减少培训新员工的费用。当他确实需要新工人时，申请者的素质也比以前高了。此举也为公司起到了很好的公关作用，而且还有另一个好处：通过培养一支忠诚、高薪的员工队伍，他也在培养未来的汽车买家，因为他的员工能够通过存下工资，加入福特汽车所瞄准的新兴中产阶级。

沃伦·巴菲特被认为是这个时代最重要的投资人，他是一个比大多数人更了解企业的人。在本文开头引用的话语强化了这样一个观点：在能给你带来最大优势的情况下进场玩游戏，这并不是什么阴谋。相反，这只是个合理的常识——也许，这就是精明的真正含义。

巴菲特的整个商业哲学，是围绕如何理性地、分析性地为你自身的利益开展业务。1999年，他向《商业周刊》解释了他是如何"控制住那些让其他人在投资中陷入困境的冲动"，换句话说，始终以一种平和的方式工作。然后，在2008年，他向《纽约时报》解释了他的主要投资规则："当别人贪婪时要恐惧，当别人恐惧时要贪婪。"而现在，他传递的信息也很清楚：站在后面，看看你能在哪里利用竞争优势；不要随波逐流，也不要被情绪冲昏头脑；专注于做明智的事情，做其他人都忽略的、精明的事情——这样做并不是暗箱操作或诡计多端，这只是一桩好生意。

伟大的交易

乔治·卢卡斯（George Lucas）负责签署了电影史上最精明的交易之一。在20世纪70年代，在他签约制作并执导《星球大战》（Star Wars）前，他通常的报酬约为每部电影15万美元。《星球大战》出品方为他提供了三倍于此的报酬，但他决定达成一项不同的协议。他选择继续维持他的15万美元的薪酬，以换取销售权和保留任何续作的权利（在那个时代，电影特许权远没有今天这么普遍）。20世纪福克斯公司（20th Century Fox）的高管们欣然同意，他们并不知道，《星球大战》将成为一个巨大的现象级IP。作为牺牲30万美元酬劳的回报，卢卡斯达成了一个交易，这个交易使他获得了数十亿美元。我感觉，这其中的精明是无与伦比的。

﹡ 坚持你的原则 ﹡

我们在商业和社会生活中所遵循的原则,是幸福的最重要部分。我们需要注意,在获得幸福后,不要失去制造出幸福的美德。

—— 哈里·哈里森(Harry Harrison)

《扶轮月刊》(*The Rotarian*,1955 年)

1966年，丹尼尔·卡茨（Daniel Katz）和罗伯特·L.卡恩（Robert L. Kahn）在《组织的社会心理学》（*The Social Psychology of Organizations*）中写道："企业的存在是为了赚钱——这是一个司空见惯的行业观察，而且这个观察通常不容置疑。然而，这是对企业目的的一个非常有限的陈述。"

当然，任何企业都必须以赚钱为目标。如果它一直不能做到这一点，它将不复存在。但是，现在的社会比以往任何时候都更有压迫力，要求企业家以道德的方式开展商业活动——爱情、战争和商业拥有公平地位的时代即将结束。当然，这并不是说许多企业（包括一些全球巨头）在涉及底线的时候违背了道德标准。尽管如此，如果一家公司被揭露有不道德的行为，它将要付出的代价是十分巨大的，甚至会影响这家公司的存续。

有人说，真正的诚信是做正确的事情，即使你知道没有人会知道你做的事。在商业中做正确的事情并不容易，做错误的事情有时会少很多麻烦。但是，走上道德之路不仅仅会让自己内心有一种微妙的舒适感觉（尽管这的确是一个好处），道德和诚信也具有商业意义。

首先，做正确的事是远离法律和监管麻烦的一个可靠途径。游走于财务透明度、市场竞争、客户隐私、环境责任等方面的国际法四周，在这些方面"走捷径"，对于一个渴望长期成功的企业来说可不是可行的选择。

但是，符合道德规范远不止于遵守法律。一个自上而下拥有道德文化的公司，会为其员工和与之做生意的人定下基调。例如，支付公平的工资和确保机会平等是吸引和留住最有能力、最有进取心员工的有效方法。据报道，创造一种对高道德标准的期望，可以鼓励员工更快地作出更好的商业选择。此外，一个公平对待其商业伙伴的公司，比一个玩弄权术的企业更能培养和维持长期的互利关系。

客户也会喜欢一个"好"企业。你可以把它看作"自由放养"效应。看看普通超市货架上的鸡蛋，有些是工厂化养殖的品种，以低价出售。有些是"自由放养"的有机鸡蛋,以高价出售。生产这些产品需要更多的努力和成本,但在高价销售方面的潜在回报,足以使其成为一个稳定的商业模式。同样,巧克力和咖啡等产品也有公平贸易标签(表示发展中国家的生产者为其产品获得了公平的回报),允许卖家以高价销售。近年来,赞成"道德投资"的投资者数量也在迅速增加,因此,能够证明你以正确的方式做事,可以使你更容易获得资金。因此,符合道德规范确实可以对商业和公司的形象带来好处。

安妮塔·罗迪克(Anita Roddick)创立的化妆品和洗浴用品巨头美体小铺(The Body Shop)就是一个关于"做好事"如何使企业获利的案例。当她回国后,她觉得自己与英国的化妆行业格格不入。公司习惯于对他们的产品进行大肆宣传,但对产品的成分却含糊其辞。

她决定开一家化妆和盥洗用品企业,遵循一套不同的规则。她的所有产品都要用天然的、符合道德标准的原料来制作。这意味着,生产这些产品的人,无论他们在世界何处,都应该有一个安全的工作场所、公平的工作条件及公平的工资。她还让她的顾客成为道德故事的一部分。她充分利用曾经作为教师的技能,发挥沟通的能力,让顾客了解她的产品来自哪里、如何生产、如何测试,以及他们可以为消费者做些什么。她的诚实让她的客户感觉到，他们不仅仅是在购买一些泡泡浴用品，而是在更密切地投资这个企业。

1976年，她开了第一家店，次年开了第二家。到1982年，美体小铺平均每个月有两家新店开张。罗迪克没有在正式营销上投入任何资金，但得益于口碑推荐，她取得了令人印象深刻的增长。她的客户喜欢她的产品和她的气质，也很高兴与他们的朋友分享这个秘密。这是将道德规范作为底线的企业驱动力。

当利润源源不断地涌入时，罗迪克依然坚守着她的创业原则。例如，她是环保事业的有力倡导者。她还发起了一场反对动物试验的运动，而动物试验是她的大多数大型企业竞争对手生产过程中的标准流程。她传达的信息很简单：以美丽的名义让动物遭受痛苦的试验，是残忍的。她证明了企业可以在这个领域经营生意，而不用诉之于此。这样的宣传有助于保持商业的人性，即使它在迅速扩张。顾客们觉得，他们不仅是在购买一种产品，而且是在购买一种文化、一种价值观。他们与品牌及其员工之间的联系培养了非凡的客户忠诚度。当她最终在2006年卖掉该公司专注于其他业务时，公司已经在50多个国家拥有2000多家门店，为近8000万客户提供服务，估值6.5亿英镑。

她最后证明，道德和利益并不相互排斥。事实上，前者可以促进后者。正如她在1990年对《公司》(*Inc.*)杂志所说：

我坚信总会有更好的办法。我认为你可以重写关于商业的书。我认为你可以进行道德交易，致力于社会责任、全球责任，授权给你的员工，但不要害怕他们。我觉得我们真的可以重写这本书。这就是我们的愿景，而这个愿景是绝对清晰的。

名字有什么关系呢?

当安妮塔·罗迪克在英格兰南部海岸的布莱顿开第一家店时,有一两个不同的声音。特别是,她搅乱了隔壁的生意,但并不是因为他们在同一个市场竞争。隔壁是一家殡葬承办公司,看到邻居以"美体小铺"的名义经营,他们感到很不舒服!然而,一向犀利的罗迪克发现了一个机会,并把这个分歧告知了当地的报纸。果然,这成了免费宣传,吸引了不少新顾客来光顾她的店。

* 金钱并不是成功的唯一标志 *

一个常见的误解是,金钱是每个企业家成功的标准。但它不是,也不应该是。

——理查德·布兰森

领英(LinkedIn)文章,2016 年

成功的企业家精神和赚钱自然是密不可分的。没有人会因为累积了巨大的亏损而获得商业奖。正如埃隆·马斯克在2008年的公司杂志5000大会（Inc. 5000 Conference）上所说："从根本上说，如果没有一款价格令人信服的好产品，就不会有一家伟大的公司。"然而，值得注意的是，商业巨头们经常表示，将财务成功作为衡量企业家业绩的标准往往并不全面。

在本节开头引用的文章中，布兰森继续说道："太多的人用赚了多少钱或结交了多少人来衡量自己有多成功。在我看来，真正的成功应该用你有多快乐来衡量。"有些人对此可能会有下意识的嗤笑反应，因为当你在银行里有几十亿的存款时，这种快乐情绪很容易保持。有人说，金钱买不到幸福，但它可以给你买到一种十分舒适的困境。然而，布兰森坚称，对他来说，比利润更重要的是他的企业"给人们的生活带来了积极的变化"。他说，正是从这个起点——希望有所作为——他的公司才开始赚钱，因为它们正在实现一个目标，即为人们提供他们想要和需要的东西。同样，就个人而言，他说："大多数人会认为我的商业成功以及随之而来的财富给我带来了快乐。但我知道，我之所以成功、富有、人脉广，是因为我很快乐。"

布兰森并不是唯一持这种观点的人。例如，沃伦·巴菲特在1994年曾对内布拉斯加大学林肯分校（University of Nebraska-Lincoln）的学生们说："在我看来，如果你是在建造、堆砌一家企业，而不是创造一些在你完成之后会喜欢的东西，是有点疯狂的。就像画一幅画。我的意思是，你应该画一些你在完成后会喜欢看的东西。"换句话说，如果你的企业只是为了赚钱，而不是为了带来满足感，那么，创业还有什么意义？同样，奥普拉·温弗瑞在1991年告诉美国成就学院（Academy of Achievement）：

别人眼中的成功并不是我眼中的成功。我一点也不想贬低它。能拥有美好的东西真的很好。物质上成功让你能够专注于其他真正重要的事情，那就是能够作出改变——不仅在你自己的生活中,也在别人的生活中。

这就是许多真正成功的创业家永远不会出现在《财富》全球富豪榜上的原因。企业不需要很庞大,它们就能给创业者提供合理的收入水平和浓厚的个人满足感。如果你的生意为你提供了足够的收入,满足了你想要的生活(并不是说一个企业家必须渴望个人喷气机或私人游艇,而不能渴望一辆普通汽车),如果你十分享受你的工作,有足够的资源来满足你的一些个人爱好,那么,人们肯定会认为,你的创业历险记一定比那些在自己的孤独城堡里查看银行余额的可怜亿万富翁更成功。

这种重新评估成功衡量标准的趋势不仅仅局限于商业领域。近年来,许多学者认为,衡量一个国家成功与否的标准,即国内生产总值(GDP,一定时期内一国居民在本国范围内所生产的全部最终产品和劳务的市场价值总额)存在严重缺陷。自20世纪70年代初以来,喜马拉雅山脉的小国不丹开始使用"国民幸福总值"指数。与此同时,越来越多的经济学家现在开始质疑,追求持续的经济增长是否可以实现,是否值得追求。许多社会企业近年来正在进一步证明:它们改善世界的方式以及令顾客和员工更加满意的举措,哪怕无法为自身带来极大的利润,收入远逊色于硅谷的巨头们,也让这些企业足够成功。

在实践中，有几个指标与利润无关（甚至超越了他们自己的满足感），企业家可以通过这些指标来判断他们的公司成功与否。这些指标包括：

- 你的客户满意吗？即使这家公司没有赚到钱，它是否能保持甚至扩大自己的客户群？如果你能吸引顾客，并为他们提供让他们满意的服务，那么，长期的财务生存能力也很有可能实现。

- 你的员工支持你吗？一家陷入困境的企业很少能对一线员工隐瞒问题。拥有一支感到满足的员工队伍，往往是企业走上正轨的标志。

- 你的竞争对手表现如何？如果你正在经历一段艰难时期，那可能整个市场都在经历。即使你的底线利润在下降，你能保持稳定的市场份额吗？你是否能在挣扎的同时保持领先？只要你所在的特定行业没有陷入彻底的衰落，这种情况意味着未来的前景是健康的。

如果不把赚钱看成创业经历的一个重要方面，那你就太迟钝了。如果企业不能让现金流持续运转，银行经理也不高兴，通常会导致创业梦想的终结。但是，商业成功与核心财务状况之间毋庸置疑的相关性，充其量只能让我们对一家企业的运营状况有一个不完整的了解。你、你的员工和你的客户，都应该从你的商业中获得满足，而这种满足不能用简单的财务术语来衡量。

经营企业并不是一场无休无止的排队。正如埃隆·马斯克2013年在可汗学院（Khan Academy）聊天时所说："很多时候，人们认为创建公司很有趣。我觉得不是，真的没那么有趣。有开心的时候，也有情况糟糕的时候。"但他也承认，保持最初的激情会让工作变得不那么糟糕，就像他在特斯拉2016年年度股东大会上指出的那样："如果你热爱自己的工作，努力工作就容易得多。"正是出于保持这种"初恋"的渴望，马克·扎克伯格在2006年拒绝了雅虎以10亿美元收购脸书的要约，当时他并不确定是否有人会再出那么高的价。"我不知道该怎么花这些钱，"他说，"我估计会再开一个社交网站。可我还挺喜欢我已经有的这个。"

2013年，杰夫·贝索斯在接受四峰电视（Four Peaks TV）采访时呼应了"根植于内心"的理念："如果你能保持童真般的好奇心，这是一份天赐礼物，它有助于发挥创造力。玩得开心是有好处的。"他还建议，积极寻求与一线工作人员建立联系，这可以鼓励良好的管理工作。创业者自己可能就是从基础工作起步的。2003年，他在《财富》杂志上说："我从未见过哪个高效的管理者或领导者不愿意花一点时间在基层工作。如果做不到这一点，他们就会脱离现实，整个思想和管理过程就会变得抽象和脱节。"

因此，为了整体的满足感，做自己企业的老板就不该只盯着你的盈亏问题。正如布兰森所观察到的，企业家的成功和个人的幸福是相辅相成的。这就是密切关注企业非财务指标的重要性。听听沃伦·巴菲特 2003 年在《佐治亚理工学院校友杂志》（*Georgia Tech Alumni Magazine*）上说的话："你必须做你喜欢的事，你必须对它有热情。如果你对此不冷不热，那就做别的。"

或许，我们最终都应将目光投给酒商和沟通专家，加里·维纳查克在他的书《粉碎它！》中表达的那种愿景：

充满激情地生活。这到底是什么意思？这意味着当你每天早上起床去工作的时候，你会很兴奋，因为你可以谈论的内容和要做的工作，是你在这个世界上最感兴趣的事。你活着不是为了度假，因为你不需要从你正在做的事情中得到休息——工作、娱乐和放松成了一回事。你甚至不关注你工作了多少个小时，因为对你来说，这不是真正的"工作"。你是在赚钱，但你愿意无偿去做你在做的事情。

韦恩的世界

罗纳德·韦恩（Ronald Wayne）不是一个家喻户晓的名字，但他证明了生活中有比金钱更重要的东西。当他还是雅达利（Atari）的工程师时，就认识了史蒂夫·乔布斯和史蒂夫·沃兹尼亚克（Steve Wozniak）。后来，乔布斯夫妇在创建苹果时把他带进了公司。他将为这家羽翼未丰的公司提供一定的监管（当时他40多岁，而乔布斯夫妇才20多岁），他将撰写公司最初的合作协议，根据协议，他将获得苹果10%的股份。但他很快意识到，这份工作不适合他。他坚持了不到两周，就把他的股票换成了800美元，在一家小型工程公司找到了工作。如今，他那10%的苹果公司股份价值数百亿美元，但早在2014年，韦恩就曾告诉麦金塔信徒（Cult of Mac）网站，他对自己所走的道路并不后悔，哪怕这让他少了一大笔钱。"如果我留在苹果，"他沉思道，"我可能会成为墓地里最富有的人。"

* 分享财富 *

这样，贫富问题就可以得到解决。财富积累的法则将会被闲置，财富的分配法则也将被闲置。个人主义仍将继续，但百万富翁只是穷人财产的受托人；在一段时期内被受托管理社会上增加的大部分财富，但为社会管理这些财富，远比为财富本身能做或会做的要好得多。

——安德鲁·卡内基（Andrew Carnegie）

《财富》（*Wealth*）

出自《北美评论》（*North American Review*，1889 年）

正如我们在上一章所看到的，对许多企业家来说，成功既意味着赚大钱，也意味着"在宇宙中留下印记"（正如史蒂夫·乔布斯令人难忘的表述）。越来越多成功的企业家通过慈善事业崭露头角——这个行业在 21 世纪经历了重大变革。

乔治·索罗斯（George Soros）通过投资赚得数十亿美元，一直走在现代慈善运动的前沿，通过他的"开放社会基金会"（Open Society Foundation）捐出了超过 300 亿美元的个人财富，该基金会支持全球的公民社会团体。2000 年，他向乔治·夏皮罗（George Shapiro）解释了他选择将自己的大部分财富用于慈善事业的原因：

你知道，带来积极的改变比赚钱更难。赚钱很容易，因为这也是衡量成功的一个简单方法——账本。当涉及社会后果时，却会让不同的人以不同的方式行动，甚至很难有一个正确的成功标准。所以，这是一项艰巨的任务。为什么不干脆用企业家的方法，而非要用官僚的方法（去做慈善）呢？只要人们真诚地关心他们想要帮助的人，他们实际上可以做很多好事。

那么，慈善事业到底是什么意思呢？它与单纯的施舍赈济有何不同？传统上，赈济往往与利用资源解决问题关联在一起，比如，如果有人饿了，给他们一顿饭。而慈善事业则致力于解决问题的根源。在典型的例子中，与其给饥饿的人一条鱼吃，还不如教他们如何捕鱼，即中国古训"授人以鱼不如授人以渔"，这样他们就可以为自己、家人和社区提供一顿饱食——不仅是今天，而且能在未来持续吃饱。慈善事业在道德上并不比施舍赈济高尚，但也并不比它低廉，但从大胆的经济角度来看，它往往在更大的范围内发挥作用——无论是投入的资源还是其产生的效果。此外，当慈善家向慈善机构捐款时，由于捐款金额通常高于平均水平，他们往往在如何使用这笔钱方面有更大的发言权。这一事实无疑吸引了许多富有的企业家，他们习惯于在商业生活中监督大规模的资源分配。

慈善事业绝不是现代特有的现象。我们至少可以回到18世纪，去看看公民组织是如何设法管理大规模的计划，来帮助那些有需要的人。事实证明，19世纪末可以说是一个黄金时代，一波极其富有的企业家（尤其是在美国和英国）将他们的财富用于慈善目的。他们的名字——安德鲁·卡耐基、乔治·皮博迪（George Peabody）、约翰·D.洛克菲勒（John D. Rockefeller）、约瑟夫·朗特里（Joseph Rowntree）和亨利·维康（Henry Wellcome）流传至今。

现在和当时一样，慈善家们有三种主要模式可以效仿：

- 向已成立的组织提供大量个人捐款。
- 建立捐赠基金——为特定用途（如奖学金）向慈善机构或非营利组织提供的财务捐赠。通常情况下，捐赠基金是通过最初捐赠的钱来维持运转的。
- 以自己的名义建立一个基金会，旨在实现特定的目标。

事实证明，硅谷是慈善事业新黄金时代的精神家园，而比尔·盖茨或许是其中最著名的一个。在很长一段时间里，这似乎不可能是一项属于他的荣誉。在20世纪80年代和90年代初，他告诉记者，他的注意力集中在发展业务上，而不是参与更具外向型的项目。但在 1994 年,他创立了威廉·H. 盖茨基金会(William H. Gates Foundation)。一年后,他在《纽约时报》上撰文,阐述了这位现代慈善家所面临的挑战。他说:"明智地花钱和挣钱一样困难。以有意义的方式捐钱将是我以后生活中的一个主要关注点——假设我还有很多钱可以捐出去的话。"第二年,他又在一篇文章中承诺:"最终我会把大部分钱作为捐款返还给自己的信仰,比如教育和人口稳定。"

1997 年,盖茨图书馆基金会(Gates Library Foundation)向公共图书馆提供了大约 4 亿美元的资金和微软软件,超过了当年联邦政府提供的总数额,这真正向世人宣告他成为慈善界的重量级人物。然后,在 2000 年,他将自己所有的慈善事业合并到比尔和梅琳达·盖茨基金会(Bill & Melinda Gates Foundation),截至 2018 年底,该基金会已向全球 130 多个国家提供了价值超过 500 亿美元的赠款。它通常被认为是现存的此类组织中规模最大的。比尔·盖茨在 2012 年接受《福布斯》采访时表示:"尽管私营部门做了一份了不起的工作,满足了那些有能力支付的人的需求,但仍有数十亿人无法以对市场有利的方式表达出他们的需求。所以他们没能被纳入市场中。"

盖茨基金会从沃伦·巴菲特的捐赠中获得了总计数十亿美元的支持,巴菲特也曾是盖茨的慈善事业导师。巴菲特曾说过,他就像中了"卵巢彩票",因为他出生在"正确"的地方(美国),出生在"正确"的历史时间,而他支配资本的能力(这是他如何看待投资者的角色)为他赢得了一笔财富。这促使他后来想要回馈社会。正如他在 2006 年对《财富》杂志所说:

安德鲁·卡耐基……说过,大部分来自社会的巨大财富,大部分应该返还给社会。以我为例,除非我生活在一个富裕且人口众多的国家,在那里,大量的有价证券被交易,有时被荒谬的错误定价,否则,资本分配与支配的能力将没有什么效用。幸运的是,这描述了 20 世纪下半叶的美国。

在关键的基本面方面,他认为商业和慈善事业存在根本的分歧。2011 年,他告诉《国土报》(Haaretz):"在商界,你总是在寻找简单的问题。在慈善事业中,你要寻找非常棘手的问题。如果你做的是严肃的大型慈善事业,那么你所关注的是那些长期以来都无法用智力解释的问题,而人们也知道这些问题很重要。所以,你会看到更多失败。"

这是一个盖茨基金会已了然于心的教训,他们的任务是满足美国的特殊需求(寻求扩大教育机会,传播新兴科学技术)与国际社会的需求(其目标是提高医疗水平和减少极端贫困的情况)。在全球范围内,盖茨基金会已投入数十亿美元用于防治艾滋病、结核病和疟疾等疾病,而这些疾病在发展中国家的发病率要高得多。此外,他们还制定了雄心勃勃的目标,从地球上根除小儿麻痹症,并重新设计了一种新型冲水马桶,以改善45亿人的生活——这是仍有许多人无法获得的安全卫生设施。

技术革命造就的超级富豪企业家,无疑改变了慈善事业的面貌。他们巨大的资源,使其能够解决那些迄今为止超出慈善机构甚至政府能力的问题。但用更少的预算做慈善也是可以的,就像经营企业一样,它本质上是关于资源的明智分配。比如说,几千美元的捐款不会资助所有治疗癌症的必要研究,但它可能会支付一笔款项,为帮助找到治愈方法的医生支付奖学金。对于那些觉得自己在商业生活中获得了丰厚回报的人来说,通过贡献更大的利益来"平衡收支",无疑是一种有价值的、对个人有益的方式。正如盖茨在2006年对记者说的那样:

我相信,巨大的财富带来了巨大的责任,一种回馈社会的责任,一种确保这些资源能以最好的方式投入到帮助最需要帮助人身上的责任。

亿万富翁俱乐部

盖茨夫妇（比尔和梅琳达）和巴菲特是现代慈善事业非凡运动之一的幕后推手——"捐赠誓言"（Giving Pledge）运动。自 2010 年以来，该组织一直将目标锁定在亿万富翁（或那些如果没有现有的慈善捐赠就会成为亿万富翁的人）身上，敦促他们同意将自己财富的 50% 或更多捐给慈善事业。

截至 2019 年，已有超过 200 人签署了这一承诺。如果所有捐赠承诺按期兑现的话，这将确保慈善行业涌入大量资金，即便是比尔和梅琳达·盖茨基金会的捐款也会显得微不足道。

* 社会企业家精神：慈善事业 + *

我鼓励年轻人成为社会企业的企业家，为世界做贡献，而不仅仅是赚钱。赚钱一点儿也不好玩儿。贡献和改变世界要有趣得多。

——穆罕默德·尤努斯（Muhammad Yunus）

格莱珉银行（Grameen Bank）创始人

全球社会峰会，2010年

慈善事业是一种建立已久且卓有成效的方法，通过它，企业家可以利用他们的商业智慧在世界上做善事。但这只是一种模式。对于一些关注社会责任的企业家来说，这种方法似乎有些脱节。慈善事业首先需要通过传统的商业路线积累财富，然后才是财富传播的第二个过程。但如果你能在经商的同时"做好事"呢？这就是社会企业家精神（social entrepreneurism）的由来——近几十年来，这种现象突飞猛进。

正如我们所看到的，任何成功的企业都必须确定市场需求，然后提供满足这种需求的手段。社会企业家首先要确定一种社会需求，然后设计一种符合这种需求的企业，并采用与其他商业企业相同的可持续经营结构。换句话说，一个社会企业并不是依靠自愿捐赠（比如慈善机构）来开展工作的，而是通过建立一种商业模式产生足够的收入来继续其工作的。也许一个社会企业所运行的某些项目本身在商业上是不可行的，但这些项目的成本必须由该企业的其他部分来承担。在《社会企业家：基于使命的发展艺术》(Social Entrepreneurship: The Art of Mission-Based Venture Development)一书中，彼得·C.布林克霍夫（Peter C. Brinckerhoff）这样描述社会企业家：

对我来说，社会企业家精神的核心是良好的管理。好的管理者不满足于现有的成就，他们尝试新事物，以新方式服务人们，是终身学习者，努力让他们的组织成为卓越的源泉。他们衡量每项投资的社会与经济回报。

社会企业的形式多种多样。一些公司雇用残疾人，为他们提供工作、工资，否则他们可能无法获得这些生存所需。一些机构，如TOMS（见本章末尾专栏），同时运行商业和社会项目，而另一些机构则在商业基础上提供社会服务。爱创家（Ashoka）是一个致力于在世界各地培育社会企业的组织，其创始人比尔·德雷顿（Bill Drayton）向我们展示了社会企业家如何改变现有的经营方式。他说，他们"不满足于仅仅授人以鱼或授人以渔。他们不彻底改变捕鱼业是不会罢休的。"

让·博斯克·恩泽伊马纳（Jean Bosco Nzeyimana）提供了一个社会企业家如何一次性解决多个问题的案例。他在卢旺达农村长大，早年生活贫困。他的村子没有电力，他每天上学的路上都要绕道穿过树林去找柴火，这有时是一项危险的任务，甚至在上课之前，他就已经筋疲力尽了。此外，他知道砍伐树木作为燃料对当地造成了有害的环境影响，造成了侵蚀，形成了巨大的沟壑，而它们通常用于填埋垃圾，对环境造成更大的破坏。

这个村庄似乎陷入了环境恶化的两难境地，但随后恩泽伊马纳想出了一个主意：将该地区的有机废物转化为清洁燃烧的煤球，这些煤球既可以用作燃料，也可以用于农作物的肥料。2013年，他成立了一家名为Habona（意为"照明"）的企业，与当地政府和国际技术合作伙伴合作，将他的想法变成了现实。他开始收集垃圾来制造生物燃料，这反过来减少了进一步砍伐森林的需求，减少了土壤受损的压力，减少了垃圾的倾倒，也使许多村民从繁重的砍伐树木的工作中解脱出来。在创办企业（为当地居民提供有偿工作）一年后，他获得了非洲创新奖，并希望在未来几年将他的模式扩展到其他地区。

20世纪70年代，扩大社会企业家运动的关键人物之一，是格莱珉银行的创始人穆罕默德·尤努斯。2006年，他及其组织被共同授予诺贝尔和平奖，以表彰他们"通过小额信贷从底层创造经济和社会发展的努力"。两年后,《外交政策》(Foreign Policy)杂志将他评为"全球100位思想家"中的第二名。

尤努斯的社会企业家哲学的核心是,承认世界上有数百万人因为无法获得养活自己的财力而陷入贫困。2016年,他在接受美国公共广播公司(PBS)采访时表示:"我说过,'所有人生来就是企业家。有些人有机会释放这种能力。有些人没有机会,也不知道自己有这种能力。'"1976年,尤努斯想出了一个解决这种不平等问题的方法。他成立了一家银行,专注于向有需要的人提供小额信贷——这一策略在此后的几年里得到了发展,从此,小额信贷成为全球反贫困战争中的一个重要武器。

1976年,格莱珉银行贷款给孟加拉国一群妇女每人27美元。有了这些钱,她们可以买到她们需要的材料(但她们自己买不起),这样她们就可以用自己的手艺制作竹凳,然后卖掉。作为个人用户,这些女性没有资格从传统银行获得贷款,而传统银行要求提供某种形式的抵押品。但是格莱珉银行很乐意提供这笔钱,因为他们意识到,在合理的时间范围内,这些妇女会产生足够的收入来全额偿还这笔钱。此外,贷款规模如此之小,即使妇女企业倒闭,不偿还贷款也不会对银行造成过度损害。随着事业的发展,这些女性都完成了还款,并创建了一个可持续发展的企业,若没有这笔钱,她们很难走到这一步。

小额贷款，顾名思义，通常数额很小，最低10美元，很少超过几千美元。它们也经常被授贷给团体，这些团体倾向于自我调节，并确保集体中的每个成员都被鼓励尽最大努力实现企业的成功。格莱珉银行为微型融资革命铺平了道路，很明显，通过一种对所有相关方都具有商业可行性的机制，大批人可以摆脱贫困（小额信贷机构普遍认为，它们的利润不可能与竞争激烈的商业银行竞争），至关重要的是，这并不需要政府干预。事实上，在尤努斯2001年的自传《穷人的银行家》（*Banker to the Poor*）中，他写道：

> 我相信，正如我们今天所知道的，"政府"应该从除执法和司法、国防和外交政策之外的大多数事务中退出，让私营部门——一个"格莱珉化的私营部门"，一个由社会意识驱动的私营部门——接管他们的其他职能。

这样的观点是不现实的，甚至是不可取的，但这表明了尤努斯和像他这样的社会企业家是如何颠覆传统企业家观念的。社会企业家精神使其倡导者不但能够探索企业家精神的传统挑战，即以商业上可行的方式满足一种需要，而且还能在世界上实施持久的变革。虽然在社会企业家的世界里可能赚到个人财富，但要比在更传统的纯商业企业家的领域里困难得多。但对于那些认为自己的成功可以通过银行存款之外的其他因素来证明的人来说，社会企业家提供了一种潜力，可以让他们拥有最好的世界，并为他人创造最好的世界。

一步一步来

2006年，一位名叫布莱克·麦斯基（Blake Mycoskie）的美国人创立了一家名为TOMS的鞋业公司。受到在阿根廷旅行时看到很多孩子没有鞋穿的启发，他设计了升级版的Alpargatas（阿根廷流行的帆布休闲鞋），并将其销售到北美市场。但TOMS是一家社会企业，其独特的卖点是，该公司将为在北美销售的每一双鞋，向阿根廷（以及其他发展中国家）有需要的年轻人尤其是孩子免费提供一双鞋。麦斯基将这种模式称为"一对一"模式，事实证明，这是一种非常有效的策略，尤其是当该公司还将很大一部分生产线转移到发展中国家时。